Johann Georg Meusel,   Apollodorus, Michael Simpson, Leonard
Baskin

Bibliothek des Apollodors

Johann Georg Meusel,   Apollodorus, Michael Simpson, Leonard Baskin

Bibliothek des Apollodors

ISBN/EAN: 9783744649643

Hergestellt in Europa, USA, Kanada, Australien, Japan

Cover: Foto ©Thomas Meinert / pixelio.de

Weitere Bücher finden Sie auf **www.hansebooks.com**

Bibliothek

des

Apollodors.

Aus dem Griechischen übersetzt

von

J. G. Meusel.

Nebst einer Vorrede

vom

Herrn Kloß.

Halle,
Bey Joh. Jac. Curt, 1768.

Vorrede.

Alles, was ich von der Güte und Treue dieser Uebersetzung sagen könnte, wird durch die eigenen Schriften ihres Verfassers unnöthig gemacht. Diese sind wegen ihrer starken Empfehlungen, die sie von der Belesenheit, dem Geschmack, und der Beurtheilungskraft erhalten, auch für den Werth dieser Arbeit Bürge.

Ich

Vorrede.

Ich kann also das Vergnügen, das mit der Ankündigung eines nützlichen Buches verbunden ist, ganz empfinden, ohne daß dasselbe durch eine der Unbequemlichkeiten, die das Amt eines Vorredners oft bey sich führt, im geringsten vermindert würde.

Wir wollen es als eine gewisse und unzweifelhafte Sache annehmen, daß die alte Mythologie zur Bildung des Geschmacks ungemein viel beytrage und daher ein nothwendiges Stück des jugendlichen Unterrichts ausmache. Schon aus dem Gesichtspuncte betrachtet, in welchem wir sie als ein unentbehrliches Mittel, die alten Schriftsteller zu verstehen, erblicken, verdient sie die Sorgfalt des Lehrers und die Aufmerksamkeit des Jünglings, welcher dereinst seine Tage durch die feinsten Empfindungen verschönern will. Nur wäre es sehr zu wünschen, daß die alte Fabellehre durch die Bemühungen gelehrter Män-

Männer in das rechte Licht gesetzt, und nach den Begriffen, die sich die alten Theologen davon machten, vorgetragen würde. An Büchern, die von der heidnischen Mythologie handeln, haben wir keinen Mangel: allein an einem Buche, aus welchem der Künstler und Gelehrte den Nutzen haben könnte, den er daraus schöpfen soll, fehlt es gewiß: Man hat in den Büchern von der alten Mythologie gewisse Umstände nicht sorg= fältig und aufmerksam beobachtet, und man ist auch in diesem Theile der Litteratur mehr auf das Sammeln bedacht gewesen, als daß man mit philosophischem Auge die Sachen betrachtet hätte. Ist es nicht ein fast allgemeiner Fehler der Gelehr= ten, die sich mit der heidnischen Mythologie be= schäftiget haben, daß sie in dem Systeme dersel= ben weder die Völker, noch die Zeiten genau genug unterschieden haben? gleichsam als ob die Vorstellungen der Alten von den Göttern im

An=

Anfange eben dieselben gewesen, die man in spätern Zeiten findet, und als ob Menschen, die unter so verschiedenen Himmelsstrichen leben, einerley Vorstellungsarten hätten haben können. Ferner wird man, wenn man die Alten aufmerksam ließt, bald wahrnehmen, daß die Dichter die eigentliche Theologie verschiedentlich in ihren Werken verändert, und besonders die tragischen Dichter den Stoff, welchen ihnen die Fabellehre anboth, umgebildet und ihrem Endzwecke gemäß eingerichtet haben. Hätte man nicht diese Zusätze sorgfältig bemerken, und so zu sagen, den Körper von seinen zufälligen Kleidungen, die ihm die Hand des Künstlers, um eine gewisse Absicht zu erreichen, zugeworfen hat, unterscheiden sollen? Diese Aufmerksamkeit würde die Mythologischen Bücher für der grossen Anzahl Widersprüche, und den entgegen laufenden Erzählungen, welche unmöglich vereiniget werden können, und oft

dem

dem Jünglinge diese sonst angenehme Wissen-
schaft beschwerlich und unangenehm machen, be-
wahrt haben. Endlich hat man nicht allein die
Schriftsteller verkannt, die hierinne unsere Leh-
rer seyn müssen, sondern man ist auch mehr
mit der Erklärung der Fabellehre beschäftiget
gewesen, als mit einer treuen Erzählung derselben. Jeder baute sich ein System, und bey
der Zufriedenheit mit sich selbst, welche man
bey Gelehrten, die den Beruf Systeme zu schrei-
ben fühlen, leicht bemerkt, zwang er die aus so
verschiedenen Ursachen und auf so verschiedene
Art entstandene Mythologie unter dasselbe. Einige fanden überall Spuhren der wahren Geschichte, und setzten eine neue Art von Romanen
zusammen, die von den bekannten darinne unterschieden sind, daß sie uns weniger unterhalten;
andere entdeckten die Geheimnisse der Natur-
lehre, und suchten, weil es nicht übel ist, reich zu

seyn,

seyn, die so oft gewünschte Kunst, Gold zu ma,
chen: noch andere freuten sich, den allegorischen
Vortrag der Sittenlehre zu zergliedern, und da
ieder das seinige beytrug, die Mythologie zu ver,
wirren, so glaubte doch ieder mit einem eigenen
Glück die geheimnißvollen Hüllen hinweggenom,
men zu haben, welche vielen Jahrhunderten die
tiefsten und wichtigsten Wahrheiten entzogen
hätten.

Wenn wir die alte Fabellehre lernen und
erklären wollen, so müssen wir vor allen Dingen
die ächten Quellen kennen, woraus diese Wissen,
schaft zu schöpfen ist. Wir müssen sie selbst
brauchen, nicht uns auf die neuern Schriftsteller
verlassen, welche so oft ganz falsche Erzählungen
aufzeichnen und von dem Lehrbegriff der Alten
abweichen. Wir müssen besonders auf die Schrift,
steller Achtung geben, welche uns etwas erzählen,

und

und die dichterischen Zusätze sorgfältig bemerken. Unsere erste Sorge muß auf die historische Richtigkeit gehen, und statt, daß man die Ursachen suchen will, ehe man von dem Daseyn der Sache gewiß überzeugt ist, sollen wir uns vor allen Dingen um die wahre Beschaffenheit derselben bekümmern. Wenn wir nun auf diese Art eine deutliche und reine Geschichte haben, wenn wir genugsam von den Begriffen und Vorstellungen der Alten unterrichtet sind; dann laßt uns erst anfangen, über die Ursachen, welche diese Meinungen veranlaßt haben, nachzudenken: dann müssen wir die natürliche Beschaffenheit der Länder, in welchen die Fabel gezeugt und genähret worden, untersuchen, und den Einfluß derselben auf die Vorstellungsarten und Neigungen der Menschen: dann die Umstände, die gewissen Zeiten und Oertern eigen sind, und die Eigenschaften der ersten Sprachen, ihre poetischen Bilder, sinn-

liche

liche Vorstellungen, und die Wirkungen ihrer
Armuth betrachten: dann dieses alles mit den
Nachrichten glaubwürdiger Geschichtschreiber,
und mit Betrachtungen über die menschlichen Lei-
denschaften, über unsere Einbildungskraft, über
die Entstehungsarten und das Wachsthum un-
serer Kenntnisse vergleichen. Hintergeht mich bey
dieser Methode nicht die Eigenliebe, so glaube ich,
daß ich sie mit Recht als nützlich empfehlen könne.

Des Apollodors Bibliothek halte ich sehr
bequem, um die Erzählungen der Fabellehre zu
berichtigen, und ich wünsche, daß sowohl Künstler als Gelehrte dieses Buch so nutzen, wie man
es nutzen kann. Man sehe es als ein zuverläs-
siges Handbuch an, in welchem es dem Vortrage
weder an Ordnung, noch an Deutlichkeit fehlt.

Damit dem Leser der Verfasser nicht ganz
unbekannt bleibe, so will ich noch eine kleine
Nach

Vorrede.

Nachricht von seinen Werken beyfügen. Ich werde das hierbey brauchen, was einige gelehrte Männer gesammelt haben a): ohne selbst diese kurze Erzählung mit Beweisstellen aus den Alten zu unterstützen.

Apollodor, aus Athen gebürtig, und ein Schüler des Aristarchs, des Grammatikers, und des Philosophen Panaetius, aus Rhodus, lebte um die 160ste Olympiade. Er hatte sich durch die grosse Anzahl seiner Schriften einen ausgebreiteten Ruhm unter den Griechen erworben. Es sind aber dieselben alle,

bis

---

a) v. Th. Gale Differtat. de Scriptoribus mythologicis: praefix. Hiſtoriae poetic, Scriptor, Antiqu. (Paris 1675.) Meurſius in Bibliotheca Attica L. I. p. 1429. (in T. X. Theſauri Antiqu. Graec. Gronovii,) Gerh. Io. Voſſius de Hiſtor. Graec. L. I. c. 21. Io. Albert. Fabricius in Bibl. Graec. L. III. c. 27.

bis auf diese Bibliothek verlohren gegangen.
Nur hin und wieder finden wir bey den alten
Schriftstellern ihre Titel angemerkt, ja oft
glaube ich nicht, daß man mit Gewißheit den
eigentlichen Verfasser einiger Schriften, die einem Apollodor beygelegt werden, bestimmen
könne: denn diesen Namen haben viele Gelehrte
geführt. Vielleicht haben wir nicht wenig verlohren, da die zwölf Bücher, in welchen er das
homerische Verzeichniß der Schiffe im zweyten
Buche der Iliade erläutert hat b), nicht auf
unsere Zeiten gekommen sind. Ich stelle mir
vor, als ob die alte Erdbeschreibung dadurch ge-
wonnen haben würde. Von seinen historischen
Werken ist diese Bibliothek eigentlich nur der
zweyte Theil. Die zwey andern sind nicht mehr
vorhanden.

Es

b) περὶ νεῶν καταλόγου.

Vorrede.

Es ist bekannt, daß die Griechen eine dreyfache Eintheilung der Zeiten hatten. Das unbekannte Zeitalter c), in welchem die Götter gelebt hatten, begreift das, was sich vom Anfange der Welt bis auf den Ogyges zugetragen hatte: das zweyte, welches das fabelhafte d) genennt wurde, und in welchem die Helden und Halbgötter sich berühmt gemacht hatten, erstreckte sich bis auf den Anfang der Olympiaden: und von diesem Zeitpuncte fieng sich das dritte Zeitalter, das historische e), an. Jedem Zeitraume hatte Apollodor ein Werk gewidmet. Er war ein Grammatiker und dieses Amt begriff damals auch die Geschichte unter sich. Das erste handelte von den Göttern f), und bestand aus

24 Bü-

c) ἄδηλον.　　　　d) μυθικόν.

e) ἱστορικόν.　　　　f) περὶ θεῶν.

24 Büchern: das dritte g) gieng von der Zer-
ftöhrung Trojens bis auf die Zeiten des Ver-
faffers, und begriff einen Zeitraum von 1040
Jahren. Es war in Jambifchen Verfen abge-
faßt und dem Könige zu Pergamus, Attalus
Philadelphus, zugefchrieben. Von dem zweyten
Zeitalter handelt diefe Bibliothek. Wir können diefelbe als einen Inbegriff des ganzen my-
thifchen Zirkels betrachten. Sie enthält die Tra-
ditionen der Griechen von ihren Göttern und
Helden bis auf den Trojanifchen Krieg. Das
dritte Buch diefer Bibliothek ift nicht ganz,
und es fcheinet am Ende deffelben viel zu fehlen.
Apollodor verfpricht an einem andern Orte,
von der Phaedra und Ariadne, vom Zuge der
Amazonen gegen Athen, vom Pelops, vom
Urfprunge des Trojanifchen Krieges und der
Zer-

g) χρονικά, five χρονική σύνταξις.

Zerstöhrung Iliums zu handeln. Diese Erzählungen vermissen wir iezt. Man muß dieses
Buch sorgfältig von dem ersten, das wir ange-
zeigt haben, unterscheiden. Einige Gelehrte haben beyde vermengt, und dieser Bibliothek
den Titel: von dem Ursprunge der Götter
beygelegt. Aber in allen Handschriften wird es
die Bibliothek des Apollodors h) betitelt.
Auch diejenigen Gelehrten irren, welche diese
Bibliothek als einen Auszug aus einem grössern
Werke ansehen. Die alten Scholiasten unterscheiden beyde Werke sehr deutlich, und von dem,
was sie aus dem Werke von den Göttern anführen, findet sich in dieser Bibliothek nichts.
So viel von dem Apollodor.

Ich

---

h) Ἀπολλοδώρου Ἀθηναίου γραμματικοῦ Βιβλιο-
θήκη.

Vorrede.

Ich kann nicht umhin, noch hinzuzusetzen, daß diese Uebersetzung eigentlich von unserm Freunde, Herrn Lippert, veranlaßt worden sey. Dieser ehrwürdige Greiß kennt die rechte Methode, die Fabellehre zu studieren, am besten, und man kann den grossen Nutzen, den diese Methode hat, selbst an seinem Beyspiele lernen. Er hielt die Uebersetzung für sehr nützlich, und ich führe dieses an, weil sein Urtheil dem Buche zu einer grossen Empfehlung gereichen muß.

Klotz.

Bibliothek

des

Apollodors.

Erstes Buch.

Bibliothek des Apollodors.

Erstes Buch.

Cap. I.

Uranus *), der erste Beherrscher der ganzen Welt, vermählte sich mit der Tellus **), und zeugte zuerst die Hekatonchiren, den Briareus, Gyes und Köus, Leute von ungeheurer Grösse und unerhörter Stärke. Denn ieder von ihnen hatte hundert Hände und funfzig Köpfe.

Nach diesen gebahr ihm Tellus Cyklopen, den Harpes, Steropes und Brontes, wovon ieder nur ein Aug auf der Stirne hatte. Diese fesselte Uranus, und warf sie in den Tartarus, einen finstern Ort in der Hölle, der so weit von der Erde entfernt ist, als die Erde vom Himmel.

Ferner

*) Der Himmel.　　　　**) Die Erde.

Ferner zeugte er mit der **Tellus** Kinder, die man die **Titanen** nennte, den **Oceanus**, **Kövs**, **Hyperion**, **Krius**, **Japetus**, und **Saturn**, welcher letztere der jüngste unter allen war. Ueberdies hatte er die **Titaniden** zu Töchtern, die **Tethys**, **Rhea**, **Themis**, **Mnemosyne**, **Phöbe**, **Dione**, **Thia**.

Die über den Untergang ihrer in den **Tartarus** gestürzten Kinder erzürnte **Tellus**, beredete die **Titanen**, ihrem Vater nachzustellen, und dem **Saturn** gab sie eine diamantene Sichel. **Oceanus** allein blieb zurück, und die übrigen thaten den Angrif, bey welchem **Saturn** die Schaam seines Vaters abhieb, und sie ins Meer warf. Aus den davon fließenden Blutstropfen entstanden die **Erinnen**, **Alekto**, **Tisiphone**, **Megära**.

Nach dieser aufgehobenen Regierung hohlten sie ihre Brüder aus dem **Tartarus**, und übergaben dem **Saturn** die Herrschaft. Dieser verwies sie aufs neue gefesselt in den **Tartarus**, und heurathete seine Schwester **Rhea**. **Tellus** und **Uranus** prophezeyheten ihm, er würde von seinem eigenen Sohne des Reichs entsetzt werden; deswegen verschlang er alle seine Kinder, unter denen **Vesta** das erste war. Ihr folgten **Ceres** und **Juno**; nach diesen **Pluto** und **Neptun**. **Rhea**, hierüber erzürnt, begab sich nach **Kreta**, als sie mit dem **Jupiter** schwanger gieng. Sie gebahr ihn in der **Diktäischen** Höhle, und gab ihn den **Kureten** und den Nymphen **Adrastäa** und **Jda**, Töchtern des **Melisseus**, zu erziehen. Diese nährten das Kind mit der Milch der **Amalthea**. Die **Kureten** hingegen, die bewafnet das Kind in der Höhle bewachten, schlugen mit ihren Spiessen auf die Schilder, damit **Saturn** das Schreyen des Knaben nicht hören möchte. **Rhea** wickelte unterdessen einen Stein in Windeln

beln, und gab ihn dem **Saturn** anstatt des gebohrnen
Kindes zu verschlingen.

Cap. 2.

Nachdem Jupiter erwachsen war, nahm er die **Metis**,
die Tochter des Oceans, zur Gehülfin, welche dem
Saturn Gift zu trinken gab.   Dies zwang ihn, zuerst
den Stein, hernach die verschluckten Kinder von sich zu
geben, durch deren Hülfe Jupiter mit dem **Saturn**
und mit den Titanen Krieg führte.   Als er zehn Jahre
lang mit ihnen gestritten hatte, prophezehete **Tellus**
dem Jupiter von Sieg, wenn er die in den Tartarus
Verstoßenen zu Gehülfen nehmen würde.   Dies geschah.
Er befreyete sie, nachdem er die sie bewachende **Kampe** *)
getödtet hatte.   Hierauf gaben die Cyklopen dem **Jupi-**
ter Blitz und Donner, dem **Pluto** einen Helm, und
dem **Neptun** einen Dreyzack.   Mit diesen Waffen ge-
rüstet überwanden sie die **Titanen**, und legten sie unter
der Bewachung der **Hekatonchiren** als Gefangene in
den Tartarus.   Dann looseten sie um das Reich.   **Ju-**
piter bekam die Herrschaft im Himmel; **Neptun** im
Meere; und **Pluto** in der Hölle.

Die **Titanen** hatten folgende Kinder.   **Oceanus**
und **Tethys** zeugten drey tausend Oceaniden, nemlich,
Asia, Styx, Elektra, Doris, Eurynome, Am-
phitrite, **Metis** ꝛc.   **Köus** und **Phöbe** zeugten die
Asteria und **Latona**; **Hyperion** und **Thia, Eos,**
Helios und **Selene. Krius** und **Euryböa**, die Toch-
ter des **Pontus**, den **Asträus**, den **Pallas**, und den
Perses; **Japetus** und **Asia**, die Tochter des Oceans,
A 3   den

*) Ein Ungeheuer.

den Atlas, der den Himmel auf seinen Schultern trägt, den Prometheus, Epimetheus, und Menötius, den Jupiter bey dem Gigantenkrieg mit dem Bliß in den Tartarus stürzte.

Saturn und Philyra zeugten den Centauer Chiron. Aurora und Asträus die Winde und die Gestirne. Perses und Asteria die Hekate. Pallas und Styx, Kinder des Oceans, Nice, Kratos, Zelus und Bia.

Das Wasser der Styx, das in der Hölle von einem Felsen herabfloß, bestimmte Jupiter zum Eide; welche Ehre ihr deswegen wiederfuhr, weil sie ihm nebst ihren Söhnen gegen die Titanen geholfen hatte.

Pontus und Tellus hatten folgende Kinder: Phorkus, Thaumas, Nereus, Euryböa, Ceto. Thaumas aber und Elektra, Kinder des Oceans, zeugten die Iris, und die Harpyen, Aello und Okypete. Phorkus und Ceto, die Phorcyaden und Gorgonen, von welchen wir handeln werden, wenn von dem Perseus die Rede seyn wird. Nereus und Doris, Kinder des Oceans, zeugten die Nereiden, deren Namen sind: Cymothoe, Spio, Glaukothoe, Nausithoe, Halie, Erato, Sao, Amphitrite, Eunice, Thetis, Eulimene, Agave, Eudore, Doto, Pherusa, Galathäa, Aktäe, Protomedusa, Hippothoe, Lysianassa, Cymo, Pione, Alimede, Plesaure, Eukrate, Proto, Kalypso, Panope, Kranto, Neomeris, Hipponoe, Deianira, Polynoe, Autonoe, Melie, Dione, Jsäe, Dero, Evagore, Psamathe, Eumolpe, Jone, Dynamene, Ceto, Limnorea.

Cap.

Cap. 3.

Jupiter vermählte sich mit der Juno, und zeugte die Hebe, Ilithya und Arge. Ausserdem hatte er noch viele sterbliche und unsterbliche Geliebten. Mit der Themis, der Tochter des Uranus, zeugte er folgende Töchter: die Horä: Irene, Eunomia, Dice, nebst den Parcen: Klotho, Lachesis und Atropos. Mit der Dione, die Venus; mit der Eurynome, der Tochter des Oceans, die Grazien: Aglaia, Euphrosyne, Thalia; mit der Styx, die Proserpina; mit der Mnemosyne, die Musen, nemlich: Kalliope, Klio, Melpomene, Euterpe, Erato, Terpsichore, Urania, Thalia, Polymnia.

Kalliope und Oeagrus, zeugten den Linus, den man auch einen Sohn des Apollo nennte, und welchen Herkules umbrachte, und den Orpheus, der auf der Leyer spielen lernte, und durch seinen Gesang Steine und Bäume in Bewegung setzte. Als seine Gemahlin, Eurydice, an einen Schlangenbiß gestorben war; so stieg er in die Hölle, um sie wieder herauszuhohlen. Er überredete den Pluto, daß er ihm Erlaubniß hierzu gab, unter der Bedingung, daß er sich auf dem Wege nicht eher umsehen sollte, bis er nach Hause gekommen seyn würde. Allein Orpheus war leichtsinnig, kehrte sich um, und säh seine Gemahlin; worauf sie wieder zurückgieng. Orpheus erfand hierauf die Geheimnisse des Bacchus, und wurde bey Pieria begraben, nachdem ihn die Mänaden zerrissen hatten.

Klio verliebte sich, durch den Zorn der Venus verleitet, welcher sie ihre Liebe gegen den Adonis vorgeworfen hatte, in den Pierus, einen Sohn des Magnes,

und zeugte mit ihm einen Sohn, mit Namen Hyacinthus. In diesen verliebte sich Thamyris, der Sohn
des Philammon und der Nymphe Argiope. Von ihm
hat die Knabenliebe ihren Ursprung. Apollo, der
hernach den Hyacinthus liebte, traf ihn wider seinen
Willen mit der Wurfscheibe, und tödtete ihn. Thamyris der wegen seiner Schönheit und Geschicklichkeit, die
Leyer zu spielen, berühmt war, ließ sich mit den Musen
in einen musikalischen Wettstreit ein, unter der Bedingung, daß, wenn er sie übertreffen würde, sie sich alle
nach seinem Willen bequemen sollten; würde er aber un-
terliegen, so möchten sie ihn nach Belieben bestrafen.
Die Musen siegten, und beraubten ihn der Augen und
des Leyerspiels.

Rhesus war ein Sohn der Euterpe und des Fluß-
ses Strymon, und wurde bey Troja vom Diomedes
umgebracht. Einige halten ihn für einen Sohn der
Kalliope. Thalia und Apollo zeugten die Kory-
banten; Melpomene und Achelous die Sirenen,
von denen wir bey den Begebenheiten des Ulysses reden
werden.

Juno gebahr ohne Beyschlaf den Vulkan. Homer
sagt iedoch, auch diesen habe Jupiter gezeugt. Jupiter
warf ihn aus dem Himmel, als er der gefangenen Juno
zu Hülfe kommen wollte. Denn diese hatte Jupiter an
den Olymp gehängt, weil sie dem Herkules einen Sturm
zuschickte, als er nach Troja schifte, und diese Stadt
einnehmen wollte. Vulkan fiel auf die Insel Lemnus,
und Thetis erhielt ihn, nachdem er hinkend worden war.

Thetis, die sich in vielerley Gestalten verwandelt
hatte, um der Liebe des Jupiters zu entgehen, mußte sich
endlich doch nach seinem Willen bequemen. Als sie

schwan-

schwanger wurde, kam Jupiter ihrer Niederkunft zuvor,
und verschlang sie. Denn, sagte er, nach der Geburt
eines Mägdchens, wird sie einen Sohn gebähren, der der
Herr des Himmels werden wird. Als aber die Zeit der
Niederkunft herbey kam, schlug ihn Prometheus, oder,
wie andere sagen, Vulkan, mit einer Art an den Kopf,
da denn bey dem Flusse Triton Minerva gewafnet aus
seinem Scheitel heraussprang.

Cap. 4.

Asteria, eine von den Töchtern des Köus, wurde in
eine Wachtel verwandelt, und stürzte sich ins Meer,
nachdem sie vor den Umarmungen des Jupiters geflohen
war. Von ihr wurde zuerst eine Stadt Asteria, und
hernach Delus genannt. Latona hatte sich dem Jupiter überlassen. Juno verfolgte sie deswegen auf der
ganzen Erde, bis sie nach Delus kam und zuerst die
Diana gebahr, die hernach Hebammenstelle bey ihr ver-
trat, daß sie den Apollo zur Welt bringen konnte.
Diana gewöhnte sich an die Jagd und blieb ein Mägdchen. Apollo aber lernte die Wahrsagerkunst vom Pan,
dem Sohne des Jupiters und der Hybris, und kam nach
Delphi, wo bisher Themis Orakelsprüche gegeben hatte.
Als ihn aber der Hüter des Wahrsagertempels, die Schlange
Python, verhinderte, in die Kluft zu gehen, so tödtete
er sie, und nahm den Tempel ein. Nicht lange hernach
brachte er auch den Tityus um, einen Sohn des Jupiters und der Elara, einer Tochter des Orchomenus,
welche Jupiter nach verübter That aus Furcht für der
Juno unter die Erde versteckte. Das mit ihr erzeugte
Kind hingegen, den Tityus, der ausserordentlich groß

war, brachte er aus dem Verborgenen hervor. Dieſer
kam nach Python, erblickte die Latona, verliebte ſich in
ſie, und wollte ſie entführen. Allein, ihre Kinder, die
ſie zu Hülfe rufte, erſchoſſen ihn. Noch nach ſeinem
Tode muß er Strafe leiden; denn ſein Herz wird in der
Hölle von Geyern gefreſſen.

Apollo tödtete auch den Marſyas, einen Sohn
des Olympus. Denn dieſer ließ ſich mit dem Apollo
wegen der Muſik in einen Wettſtreit ein, nachdem er die
Pfeifen gefunden, die Minerva weggeworfen hatte, weil
ſie das Geſicht verſtellen. Sie kamen miteinander über=
ein, daß der Sieger den Beſiegten nach Belieben ſollte
ſtrafen können. Apollo fieng den Streit mit umgekehrter
Leyer an, und befahl dem Marſyas, eben dies zu thun.
Allein Marſyas war hierzu unfähig. Apollo wurde für
den Sieger erklärt, hieng den Marſyas an eine hohe
Fichte, und tödtete ihn, indem er ihm die Haut abzog.

Diana brachte den Orion auf der Inſel Delos
um. Dieſer ſoll aus der Erde entſprungen und von einer
ungeheuern Gröſſe geweſen ſeyn. Pherecydes hingegen
nennt ihn einen Sohn des Neptuns und der Euryale.
Neptun ſchenkte ihm die Geſchicklichkeit, auf dem Meere
zu gehen. Er heurathete die Side, welche die Juno
in die Hölle verwies, weil ſie mit ihr wegen des Vorzugs
der Schönheit geſtritten hatte. Er kam hierauf nach
Chios, und vermählte ſich mit der Merope, einer Toch=
ter des Oenopions. Der betrunkene Oenopion blen=
dete ihn im Schlafe, und warf ihn an das Ufer, wor=
auf er in eine Schmide gieng, einen Knaben raubte, ihn
auf ſeine Schultern ſetzte, und ihm befahl, ihn gegen
der Sonnen Aufgang hin zu führen. Als er dahin ge=
kommen war, erlangte er, von den Sonnenſtrahlen er=

hitzt, sein Gesicht wieder, und kam eilends wieder zum
Oenopion. Er verfertigte auch mit Hülfe des Vulkans
für dem Neptun eine unterirrdische Wohnung.

Aurora verliebte sich in den Orion, raubte ihn, und
brachte ihn nach Delus. Denn Venus hatte in ihr eine
unaufhörliche Liebe erregt, weil sie dem Bitten des Mars
Gehör gegeben hatte. Einige sagen, Orion sey umgebracht worden, weil er die Diana zu einem Wettstreit
mit der Wurfscheibe aufgefordert hätte. Andere sagen,
er habe der Opis, einem von den Hyperbordern kommenden Mägdchen, Gewalt thun wollen, und sey deswegen von der Diana todt geschossen worden.

Neptun vermählte sich mit der Amphitrite, einer
Tochter des Oceans, und zeugte mit ihr den Triton
und die Rhode, welche die Sonne zur Gemahlin nahm.

Cap. 5.

Pluto liebte die Proserpina, und raubte sie heimlich
mit Hülfe des Jupiters. Ceres gieng deswegen
bey Nacht und bey Tag auf dem ganzen Erdboden mit
Fackeln umher, und suchte sie. Als sie aber benachrich-
tiget wurde, Pluto habe sie geraubt, verließ sie, aus
Zorn gegen die Götter, den Himmel, und kam in Gestalt
einer Sterblichen nach Eleusine. Hier setzte sie sich zuerst
auf den von ihr benannten Stein Agelastos, bey dem
Brunnen Kallichorus, nieder. Hierauf gieng sie zu
den damaligen König der Eleusinier, Celeus, und kam
zu seinen Gemahlinnen, die sie baten, sich bey ihnen nie-
derzusetzen. Eine Alte, Namens Jambe, machte sich
über die Göttin lustig, worüber diese lachen mußte; daher, sagt man, treiben die Frauen bey den Thesmophorien
alle-

allerhand Scherzreden. Metanira, eine Gemahlin des
Celeus, kam damals mit einem Sohne nieder. Dieſen
nahm Ceres unter ihre Aufſicht. Sie wollte ihm die
Unſterblichkeit verſchaffen; ſie legte deswegen das Kind
zu Nacht ins Feuer, und benahm ihm dadurch ſein ſterb=
liches Fleiſch. Als aber Deiphon, (ſo hieß das Kind),
von Tag zu Tag auf eine unglaubliche Weiſe zunahm; ſo
gab Metanira Achtung, was die Göttin mit ihm vor=
nähme. Sie ſchriee, als ſie das Kind im Feuer liegen
ſah; ſogleich ward das Kind vom Feuer verzehrt, und die
Göttin zeigte ſich in ihrer wahren Geſtalt. Dem Tripto=
lemus, dem älteſten Sohne der Metanira, machte ſie ei=
nen Wagen, der von geflügelten Drachen gezogen wurde,
und ſchenkte ihm Weitzen, den er durch die Luft fahrend
auf der ganzen Erde ausſäete. Panyaſis macht hinge=
gen den Triptolemus zu einen Sohn des Eleuſinus;
denn zu dieſen, ſagt er, ſey Ceres gekommen. Phere=
cydes aber giebt ihn für einen Sohn des Oceans und
der Tellus aus.

Jupiter befahl dem Pluto, die Proſerpina wieder
zurück zu ſchicken. Damit ſie nun nicht lange bey der
Mutter bleiben möchte, gab ihr Pluto einen Kern von ei=
nem Granatapfel zu eſſen, den ſie auch unter andern Spei=
ſen unvorſichtig verſchluckte.

Dem Aſkalaphus, einem Sohn des Acherons
und der Gorgyra, legte Ceres in der Hölle einen ſchwe=
ren Stein auf, weil er ein falſches Zeugniß wider ſie ab=
gelegt hatte. Was aber die Proſerpina betrift, ſo wurde
ſie gezwungen, den dritten Theil des Jahrs beym Pluto,
und die übrige Zeit in der Verſammlung der Götter zu
bleiben.

Dies iſt es, was von der Ceres erzählt wird.

Cap.

Cap. 6.

Tellus, unwillig über die Titanen, zeugte mit dem Uranus die Giganten, die an Grösse der Körper ungeheuer, und an Stärke unbezwingbar waren. Ihre Gesichtsbildung war schrecklich, ihr Haar auf dem Kopfe und am Kinne ausserordentlich stark, und hatten schuppigte Drachenfüsse. Sie hielten sich, nach einigen Nachrichten, zu Phlegra, nach andern aber, zu Pellene auf. Sie schleuderten Felsenstücke und angezündete Eichen in den Himmel. Die vornehmsten unter ihnen waren Porphyrion und Halcyoneus, welcher letztere auch, so lange er in dem Lande, wo er gebohren war, stritte, unsterblich gewesen. Dieser trieb auch die Ochsen der Sonne aus Erythia weg.

Die Götter hatten ein Orakel, kein Gott würde die Giganten umzubringen im Stande seyn: wenn sie aber einen Sterblichen zum Gehülfen nähmen, so würden sie ihre Absicht erreichen. Dies erfuhr Tellus; sie suchte daher ein Mittel, um zu verhüten, daß sie von keinem Sterblichen getödtet werden möchten. Jupiter befahl deswegen der Aurora, der Sonne und dem Mond, sich nicht sehen zu lassen. Er selbst aber kam ihr zuvor, und entzog ihr das Mittel. Auf Anrathen der Minerva nahm er den Herkules zum Gehülfen, der auch zuerst den Halcyoneus verwundete, welcher aber von der Tellus gestärkt wurde. Endlich brachte man ihn nach dem Vorschlag der Minerva ausser Pellene; und so starb er.

Porphyrion grif während des Streits den Herkules und die Juno an. Allein Jupiter erregte in ihm eine heftige Liebe gegen die Juno, welche um Hülfe rief, als er sich an ihre Kleider wagte und ihr Gewalt thun wollte.

Jupiter

Jupiter kam mit seinen Blitzen und Herkules mit Pfeilen herben, und tödteten ihn. Was die übrigen betrift, so schoß Apollo dem Ephialtes das linke, und Herkules das rechte Aug aus. Den Eurytus tödtete er mit einem Eichenpfahl. Den Klytius soll Hekate, oder vielmehr Vulkan, mit glüenden Eisen umgebracht haben. Minerva warf die Insel Sicilien auf dem fliehenden Enceladus. Dem Pallas zog sie bey dem Treffen die Haut ab, und bedeckte sich damit. Polybotes wurde vom Neptun durch das Meer verfolget, und kam nach Kos; von dieser Insel riß Neptun ein Stück ab, und warf es auf ihn. Dies wurde Nisyron genennet. Merkur, mit dem Helm des Orkus bewafnet, tödtete den Hippolytus, Diana, den Gration, die Parcen, mit ehernen Keulen bewafnet, den Agrius und Thoon. Die übrigen tödtete Jupiter mit seinen Blitzen, und Herkules schoß Pfeile auf alle, die in der Schlacht geblieben waren.

Nachdem die Götter die Giganten überwunden hatten, wurde Tellus noch zorniger, und zeugte mit dem Tartarus den Typhon in Sicilien, der eine vermischte menschliche und thierische Natur hatte, und alle Kinder der Tellus an Grösse und Stärke übertraf. Bis an die Hüften war seine Grösse unermäßlich, so, daß sie den höchsten Bergen gleich kam, sein Haupt aber berührte oft die Sterne; mit der einen Hand reichte er bis an den Untergang, und mit der andern bis an den Aufgang der Sonne; über sie ragten hundert Drachenköpfe hervor; an den Schenkeln waren ungeheure Schlangenschweife, deren Krümmungen bis an den Scheitel reichten, und ein fürchterliches Gezische von sich gaben; sein ganzer Körper war geflügelt; der Kopf und die Wangen starrten von gräßlichen Haaren, und Feuer blitzte aus seinen Augen.

So

So groß und mächtig war **Typhon.** Er schleuderte glühende Felsen gegen den Himmel, und stürmte unter Zischen und Schreyen; zugleich sprühete ein ganzes Feuer= meer aus seinem Munde. Als die Götter diesen Him= melsstürmer sahen, flohen sie nach Aegypten, und als sie auch da verfolget wurden, verwandelten sie ihre Gestal= ten in Thiere. Zevs schleuderte von fernen Blitze gegen den Typhon; als er aber näher kam, schreckte er ihn mit einer diamantenen Sichel, und verfolgte ihn bis an den Berg Kasius in Syrien. Hier sahe er, daß er verwun= det war, und ließ sich deswegen näher mit ihm in Streit ein. Allein Typhon umschlang ihn mit seinen Schweifen, und hielt ihn feste. Er nahm ihm die Sichel, und zer= schnitt ihm die Nerven an Händen und Füssen. Dann legte er ihn auf seine Schultern, und trug ihn durch das Meer nach Cilicien, wo er ihn in die Koryzische Höhle legte. Eben daselbst verwahrte er die Nerven, in eine Bärenhaut gewickelt, und setzte den Drachen **Delphyne,** der halb Mägdchen war, zum Hüter. Merkur aber und Aegipan stahlen die Nerven, und befestigten sie heim= lich wieder an den Körper des Jupiters. Dieser fuhr nach wiedererlangter Stärke auf einen mit geflügelten Pferden bespannten Wagen plötzlich aus dem Himmel und verfolgte mit Blitzen den Typhon bis auf den Berg Nysa. Hier wurde er von den Parcen hintergangen, in= dem sie ihn beredeten, er würde nach dem Essen gewisser giftiger Früchte noch stärker werden. Hierauf wurde er wieder verfolget, und kam nach Thrazien, wo er in einem Streite bey dem Hämus ganze Berge wegschleuderte. Allein diese wurden durch den Blitz wiederum auf ihn zurückgetrieben, welches machte, daß auf dem Berge ganze Ströme von Blut flossen. Daher soll auch dieser Berg

Hämus

Hämus genennt worden seyn *). Typhon war im Begrif, über das Sicilianische Meer zu fliehen: allein Jupiter stürzte den Berg Aetna in Sicilien auf ihn, welcher ungeheuer groß ist. Seitdem sollen bis auf den heutigen Tag von den geschleuderten Blitzen die Auswürfe des Feuers entstehen. — Doch, genug hiervon.

Cap. 7.

Prometheus bildete Menschen aus Wasser und Erde, und gab ihnen ohne Wissen des Jupiters Feuer in einem Kästgen. Als Jupiter dies erfuhr, befahl er dem Vulkan, ihn an den Scythischen Berg Kaukasus anzuschmieden. In diesem Zustande mußte er eine lange Reihe von Jahren zubringen. Alle Tage flog ein Adler zu ihm, und fraß ihm die in der Nacht frisch gewachsene Leber weg. Prometheus mußte wegen des gestohlnen Feuers so lange Strafe leiden, bis ihn endlich Herkules erlösete, wie wir bey seinen Thaten erzählen werden.

Prometheus hatte einen Sohn, Namens Deukalion. Dieser war König über die in Phthia gelegenen Oerter, und heurathete die Pyrrha, eine Tochter des Epimetheus und der Pandora, welche die erste von den Göttern erschaffene Frau war. Als nun Jupiter das eherne Geschlecht vertilgen wollte; so bauete Deukalion, auf Anrathen des Prometheus, einen Kasten, schafte nöthige Lebensmittel an, und gieng mit der Pyrrha hinein. Jupiter aber goß einen starken Regen vom Himmel, und überschwemmte die meisten Gegenden Griechenlandes, so, daß alle Menschen untergiengen, wenige ausgenommen, die auf die benachbarten Gipfel der Berge geflüchtet waren.

Damals

*) von αἷμα Blut.

Damahls trennten sich die Thessalischen Berge, und alles,
was ausser dem Isthmus und dem Peloponnes lag, kam
in Unordnung. Deukalion aber schwomm in seinem
Kasten auf dem Meere herum neun Tage lang, und eben
so viel Nächte, und landete an dem Parnaß, wo er nach
abgenommenen Regen ausstieg und dem Jupiter Phyrius
opferte. Jupiter schickte den Merkur an ihn, und ließ
ihm Erlaubniß geben, zu bitten, was er wolle. Deuka=
lion bat, daß Menschen entstehen möchten. Jupiter
gab ihm daher den Rath, Steine über seinen Kopf zurück
zu werfen. Diese nun, die Deukalion warf, wurden
zu Männern, und die von der Pyrrha, zu Weibern; da=
her bekamen auch die Völker (λαοί) durch eine Metapher
den Namen vom Steine (ἀπὸ τῦ Λάας). Deukalion
zeugte mit der Pyrrha Kinder, wovon das erste Hellen
war, der nach anderer Meinung vom Jupiter abstammte.
Das zweyte hieß Amphictyon und beherrschte nebst dem
Kranaus Attika. Die Tochter hieß Protogenea, mit
welcher Jupiter den Aethlius zeugte. Vom Hellen
und der Nymphe Orseis stammten Dorus, Xuthus
und Aeolus ab.

Hellen nennte die Völker, die vorher Gräci (Grie=
chen) hiessen, nach seinen Namen Hellenes, und ver=
theilte das ganze Land unter seine Söhne. Xuthus be=
kam den Peloponnes, und zeugte mit der Kreusa, der
Tochter des Erechtheus, dem Achäus und den Jon,
von denen die Achäer und Jonier benennt wurden.
Dorus aber erhielt die Gegend disseit des Peloponnes,
und nennte die Einwohner nach seinem Namen Dorier.
Aeolus beherrschte die Thessalischen Gegenden, und gab
den Einwohnern den Namen Aeolier. Er vermählte
sich mit der Enarete, einer Tochter des Deimachus, und

B zeugte

zeugte mit ihr sieben Söhne, den Kretheus, Sisyphus, Adamas, Salmoneus, Deion, Magnes, Perieres, und fünf Töchter, nämlich: Kanache, Halcyone, Pisidice, Kalyce, Perimede. Perimede und Achelous zeugten den Hippodamas und Orestes. Pisidice aber und Myrmidon, den Atiphus und Akton.

Ceyr, der Sohn des Eosphorus *), vermählte sich mit der Halcyone. Ihr Hochmuth stürzte sie aber beyde in den Untergang. Denn er sagte, seine Gemahlin wäre die Juno, und sie machte ihren Mann zum Jupiter. Beyde verwandelte Jupiter in Vögel, sie in einen Eißvogel, und ihn in einen Wassertäucher.

Kanache gebahr dem Neptun den Opleus, Nereus, Epopeus, Aloeus und Triops. Aloeus heurathete die Iphimedia, die Tochter des Triops, welche sich in den Neptun verliebte; sie gieng deswegen häufig an das Meer, und schöpfte mit ihren Händen Wasser in den Schooß. Neptun besuchte sie, worauf sie Zwillinge bekam, den Otus und Ephialtes, die man die Aloiden nennte. Diese wuchsen jährlich eine Spanne in die Breite und eine Elle in die Länge. Als sie nun neun Jahr alt, neun Spannen breit und neun Ellen lang waren, unterstanden sie sich, mit dem Jupiter zu streiten, indem sie den Berg Ossa auf den Olymp und den Pelion auf den Ossa setzten, und auf ihnen im Himmel zu steigen drohten. Sie waren Willens, Berge in das Meer zu versetzen und festes Land daraus zu machen, und die Erde in Meer zu verwandeln. Ephialtes verlangte die Juno, und Otus die Diana zur Gemahlin. Den Mars fesselten sie; er wurde ihnen aber wieder vom Merkur geraubt. Diana
tödtete

*) Lucifer.

tödtete sie endlich listiger Weise auf ihren Wagen *). Denn sie verwandelte sich in einen Hirsch und lief zwischen ihnen hindurch, da sie sich denn beyde durchschossen, als sie nach dem Wilde zielen wollten.

Endymion war ein Sohn der Kalyce und des Aethlius, und führte eine Colonie von Aeoliern aus Thessalien nach Elis. Einige halten ihn für einen Sohn des Jupiters. In ihn verliebte sich Luna wegen seiner ausserordentlichen Schönheit. Jupiter versprach ihm zu schenken, was er sich wählen würde; und seine Wahl fiel auf einen beständigen Schlaf und eine unsterbliche Jugend.

Aetolus war. ein Sohn des Endymion und der Nymphe Seis oder Nais, oder nach andern, der Iphianassa. Er tödtete den Apis und Phoroneus, und floh in das Land der Kureten, wo er seine Gastfreunde, den Dorus, Laodokus und Polypötes, Söhne der Phthia und des Apollo, umbrachte, und das Land nach seinem Namen Aetolien nennte. Aetolus und Pronoe, eine Tochter des Phorbus, zeugten den Pleuron und Kalydon, von denen die Städte in Aetolien ihre Namen erhalten haben.

Pleuron vermählte sich mit der Xanthippe, einer Tochter des Dorus, und zeugte den Agenor, nebst der Sterope und Stratonice, und noch einen Sohn, den Leophontes. Kalydon zeugte mit der Aeolia, der Tochter des Amythaon, die Epikaste und Protogenea, die dem Mars den Oxylus gebahr. Agenor, Sohn des Pleuron, und Gemahl der Epikaste, der Tochter des

Kaly=

---

*) Oder vielmehr nach der Muthmaßung des Gale: auf der Insel Naxos.

Kalhdon, hatte zwey Kinder, den Parthaon und die Demonice, die mit dem Mars den Evenus, Molus, Pylus und Thestius zeugte.

Evenus zeugte die Marpeſſa. Dieſe verlangte Apollo zur Gemahlin. Allein Idas, der Sohn des Aphareus, entführte ſie auf einem geflügelten Wagen, den er vom Neptun erhalten hatte. Evenus verfolgte ihn aber auf einen andern Wagen, kam bis an den Fluß Lykormas, und als er ihn nicht einhohlen konnte, tödtete er ſeine Pferde. Sich ſelbſt ſtürzte er in den Fluß, der von ihm den Namen Evenus bekam.

Apollo begegnete dem nach Meſſene reiſenden Idas, und nahm ihm das Mägdchen. Sie geriethen hierauf wegen ihrer Verehelichung mit einander im Streit, den Jupiter ſo ſchlichtete, daß er dem Mägdchen erlaubte, ſich von beyden einen zum Manne zu wählen. Sie that es, und ihre Wahl fiel auf den Idas, weil ſie befürchtete, Apollo möchte ſie, wenn ſie alt würde, verlaſſen.

Theſtius zeugte mit der Eurythemis, der Tochter der Kleoböa, folgende Töchter: Althäa und Hypermneſtra, und folgende Söhne: Iphiklus, Evippus, Plexippus, Eurypylus.

Die Söhne des Parthaon und der Euryte, Tochter des Hippodamas, hieſſen: Oeneus, Agrius, Alkathous, Melas und Leukopeus, und die Tochter, Sterope, von welcher und dem Achelous die Sirenen entſtanden ſeyn ſollen.

Cap. 8.

Oeneus, König von Kalydon, lernte zuerst vom Bacchus das Pflanzen des Weinstockes. Seine Gemahlin hieß Althäa, und war eine Tochter des Thestius; mit der er den Toxeus zeugte, den er aber selbst tödtete, als er über einen Graben sprang. Nach diesem zeugte er den Thyreus und Klymenus, und eine Tochter, Gorge, welche Andrämon heurathete, wie auch die Deianira, die aber andere für eine Tochter des Bacchus und der Althäa halten. Diese lernte die Kunst, den Wagen zu regieren und andere Kriegsübungen. Herkules wollte sie heurathen, und ließ sich deswegen mit dem Achelous in einen Zweykampf ein.

Althäa gebahr dem Oeneus den Meleager, der ein Sohn des Mars seyn soll. Die Parcen sollen, als er acht Tag alt gewesen, zu ihm gekommen seyn, und gesagt haben: Dann wird Meleager sterben, wenn der auf dem Heerde brennende Pfahl verbrannt seyn wird. Althäa hörte dies, nahm den Brand weg, und legte ihn in eine Kiste. Meleager wurde ein tapferer Mann und konnte durch nichts verwundet werden, kam aber folgendergestalt um:

Als Oeneus die gewöhnlichen Feldfrüchte einerndtete, opferte er allen Göttern die Erstlinge, ausgenommen der Diana, die er vergaß. Die Göttin wurde hierüber zornig, und schickte ein an Größe und Stärke ausserordentliches wildes Schwein ab, welches die Saaten des Landes verwüstete, das Vieh und alles, was ihm begegnete, umbrachte. Um dieses wilde Schwein zu erlegen, ließ Oeneus die Tapfersten aus ganz Griechenland kommen, und

ver=

versprach dem, der das Thier umbringen würde, die
Haut zur Belohnung. Zu dieser Jagd fanden sich fol=
gende ein: Meleager, der Sohn des Oeneus, Dryas,
der Sohn des Mars, beyde aus Kalydon; ferner, Idas
und Lynceus, Söhne des Aphareus, aus Messene;
Kastor und Pollux, Söhne des Jupiters und der Leda,
aus Lacedämon; Theseus, der Sohn des Aegeus, aus
Athen; Admetus, der Sohn des Pheres, aus Pherä;
Ancäus und Cepheus, Söhne des Lykurgs, aus Ar=
kadien; Jason, der Sohn des Aeson, aus Jolkus;
Iphikles, der Sohn des Amphitryons, aus Theben;
Pirithous, der Sohn des Irion, aus Larissa; Peleus,
der Sohn des Aeakus, aus Phthia; Telamon, der
Sohn des Aeakus, aus Salamin; Eurytion, der
Sohn des Aktors, aus Phthia; Atalante, die Tochter
des Schöneus, aus Arkadien; Amphiaraus, der Sohn
des Oikles, aus Argus; endlich, die Söhne des The=
stius. Als sie beysammen waren, unterhielt sie Oeneus
acht Tage lang, als Gastfreunde. Am zehnten weiger=
ten sich Cepheus und Ancäus nebst einigen andern,
mit einer Frauensperson (der Atalante) auf die Jagd zu
gehen. Meleager aber, der die Kleopatra, eine Toch=
ter des Jda und der Marpesse, zur Gemahlin hatte,
wollte gern auch mit der Atalante ein Kind zeugen, und
nöthigte sie deswegen, sie mit auf die Jagd zu nehmen.
Nachdem sie das Schwein umringt hatten, wurden Hy=
leus und Ancäus von diesem wilden Thiere umgebracht.
Den Eurytion aber traf Peleus wider seinen Willen
mit dem Wurfspieße. Atalante schoß das Schwein
zuerst in den Rücken, und nach ihr Amphiaraus in
das Aug. Meleager aber traf es in die Seite, und
tödtete es. Er nahm das Fell, und schenkte es der

Ata=

Atalante. Die Söhne des Thestius, entrüstet, daß unter so vielen Männern ein Mägdchen den Preiß davon getragen hatte, raubten ihr das Fell, indem sie vorgaben, es gehöre ihnen der Verwandschaft nach, wenn es Meleager nicht behalten wollte. Meleager gerieth hierüber in Zorn, tödtete die Söhne des Thestius, und gab das Fell der Atalante.

Althäa aber, betrübt über den Tod ihrer Brüder, zündete den Brand an, und Meleager starb plötzlich. Andere lassen den Meleager auf eine andere Art umkommen. Die Söhne des Thestius, sagen sie, hätten über das wilde Thier einen Streit angefangen, und behauptet, Iphikles habe es zuerst getroffen; hierüber wäre zwischen den Kureten und Kalydoniern ein Krieg entstanden, und Meleager habe im Treffen einige von den Söhnen des Thestius getödtet; Althäa habe ihren Sohn verwünscht, und dieser sey aus Zorn zu Hause geblieben. Als aber schon die Feinde sich den Mauern genähert, und die Einwohner ihn um Hülfe gebeten, hätte ihn kaum seine Mutter bewegen können, aus dem Hause zu gehen; er habe alsdann die übrigen Söhne des Thestius ermordet, und sey im Streite geblieben. Nach dem Tode des Meleagers erhängten sich Althäa und Kleopatra, und die den Todten beweinenden Weiber wurden in Vögel verwandelt.

Nach dem Tod der Althäa heurathete Oeneus die Periböa, eine Tochter des Hipponous. Der Verfasser der Thebaide erzählt, Oeneus habe sie nach Eroberung von Olenus zur Belohnung empfangen. Hesiodus aber sagt, ihr Vater Hipponous habe sie von Olenus in Achaja zu den Oeneus geschickt, der weit von Griechen-

B 4 land

land entfernt lebte, und ihm befohlen, sie weiter zu schicken, weil ihr Hippostratus, ein Sohn des Amaryn-
ceus, ihre Ehre geraubt hatte.

Andere behaupten, Hipponous habe seine Tochter
schwanger zum Oeneus geschickt, nachdem er erfahren,
daß sie Oeneus beschlafen hatte. Oeneus bekam von ihr
einen Sohn, den Tydeus. Pisander sagt, sie sey eine
Tochter der Gorge gewesen, und Oeneus habe sie auf
Antrieb des Jupiters geliebt.

Nachdem Tydeus ein erwachsener Mann worden
war, wurde er des Landes verwiesen, weil er, wie einige
sagen, den Alkathous, einen Bruder des Oeneus, getödtet hatte. Der Verfasser der Alkmänis hingegen
schreibt, es wären die dem Oeneus nachstellenden Söhne
des Melas gewesen, nämlich: Phineus, Euryalus,
Hyperlaus, Antioches, Eumedes, Sternops, Xan-
thippus und Sthenelus. Nach dem Pherecydes war
es sein eigener Bruder, Olenius. Agrius legte ihm
die Strafe auf, nach Argos zu fliehen, wo er zum Abrast
kam, dessen Tochter Deiphyle er heurathete und mit
ihr den Diomedes zeugte. Tydeus zog hernach nebst
dem Abrast vor Theben, wo er von dem Menalippus
verwundet wurde und starb.

Die Söhne des Agrius, Thersippus, Onchestus,
Prothous, Celeutor, Lykopeus und Menalippus
nahmen das Königreich des Oeneus ein, und gaben es
ihrem Vater. Ueberdies legten sie den Oeneus ins Gefängniß, und peitschten ihn. Diomedes kam hernach
nebst einem andern *) heimlich nach Argos, und tödtete
alle Söhne des Agrius, den Onchestus und Thersippus
aus-

*) dem Euryalus.

ausgenommen: denn diese waren schon vorher in den
Peloponnes geflohen. Das Reich übergab er, weil Deneus alt war, dem **Andrämon**, der die Tochter des
Deneus geheurathet hatte. Den Deneus selbst brachte
er nach den Peloponnes. Allein die Söhne des Agrius, die
der Gefahr entflohen waren, legten sich im Hinterhalt,
und tödteten den Alten bey dem Tempel der Vesta des
Telephus *) in Arkadien. Diomedes brachte den
Leichnam nach Argos, und begrub ihn an dem Orte, wo
jetzt die nach ihm benennte Stadt **Oenoe** stehet. Er
heurathete hernach, wie einige sagen, die **Aegialea,** eine
Tochter des **Adrast,** und wohnte den Feldzügen gegen
Theben und Troja bey.

Cap. 9.

Athamas, einer von den Söhnen des **Aeolus,** war
König in Böotien, und zeugte mit der **Nephele**
einen Sohn, den **Phrixus,** und eine Tochter, die **Helle.**
Hierauf heurathete er die **Ino,** mit welcher er den **Learch**
und **Melicertes** zeugte. **Ino,** feindselig gegen die
Kinder der **Nephele,** beredete die Weiber, den Weitzen
zu rösten, die dies auch ohne Wissen ihrer Männer thaten. Die mit gerösteten Weitzen besäete Erde trug in
diesem Jahre keine Früchte. **Athamas** schickte deswegen
nach Delphi, und ließ das Orakel um Befreyung von
der Unfruchtbarkeit um Rath fragen. Auf Anstiften der
Ino brachten die Abgesandten die Antwort zurück, die
Unfruchtbarkeit würde aufhören, wenn **Phrixus** dem Jupiter würde geopfert werden. Auf diese Nachricht wurde
Athamas von den Landleuten überredet, den **Phrixus** vor

B 5   den

*) Nach der Verbesserung des Gale: bey **Telphussa,** welches eine Landschaft und Stadt in Arkabien war.

den Altar zu bringen. Allein Nephele nahm ihn nebst
der Tochter weg, und gab ihnen einen vom Merkur ge=
schenkten Widder mit einem goldenen Felle, auf welchem
sie durch die Luft über Land und Waſſer getragen wurden.
Als sie aber an die Meerenge zwischen Sigeum und Cher=
ſoneſus kamen, stürzte Helle in den Abgrund und kam um.
Von ihr wurde das Meer der Helleſpont genennt.

Phrixus aber kam zu den Kolchiern, welche Aeetes
beherrſchte. Aeetes war ein Sohn der Sonne und der
Perſeis, einer Schweſter der Circe und der Paſiphae,
welche Minos zur Gemahlin hatte. Aeetes nahm den
Phrixus auf, und gab ihm eine von seinen Töchtern, die
Chalkiope. Er selbst opferte den Widder mit dem gol=
denen Felle dem Jupiter Phyxius, und das Fell gab er
dem Aeetes, der es in dem Haine des Mars an eine Eiche
nagelte. Phrixus zeugte mit der Chalkiope, der Tochter
des Aeetes, vier Kinder, Argos, Melas, Phrontis,
Cytorus.

Nach diesen wurde Athamas, durch den Zorn der
Juno, auch seiner mit der Ino erzeugten Kinder beraubt.
Denn er selbst erschoß in der Raserey den Learch; Ino
aber stürzte sich mit dem Melicertes ins Meer. Er
fragte nach seiner Vertreibung aus Böotien den Apollo
um Rath, wo er inskünftige sich aufhalten könne? Das
Orakel befahl ihm, da zu wohnen, wo ihn die wilden
Thiere bewirthen würden. Nach langen Herumschweifen
traf er Wölfe an, die an Schenkeln von Schaafen fraſ=
sen, und davon flohen, so bald sie ihn erblickten.
Athamas bauete hierauf die Gegend an, nennte sie nach
seinem Namen Athamantia, und zeugte mit der Themi=
sto, der Tochter des Hypseus, den Leukon, die Ery=
throe, den Schöneus und Ptous.

Siſy=

Sisyphus, ein Sohn des Aeolus, bauete Ephyra, welches heut zu Tage Korinth genennt wird. Mit der Merope, der Tochter des Atlas, zeugte er den Glaukus, welchem die Eurymede den Bellerophon gebahr, der die Feuer schnaubende Chimäre umbrachte. Sisyphus wird in der Hölle gepeiniget, indem er mit den Händen und mit dem Kopf einen Stein wälzen muß, der, wenn er in die Höhe gebracht ist, immer wieder zurück rollet. Diese Strafe muß er wegen der Aegina, der Tochter des Asopus, ausstehen, weil er den Jupiter, der sie heimlich entführte, dem Asopus soll verrathen haben.

Deion, König in Phocis, heurathete die Diomede, die Tochter des Xuthus, die ihm eine Tochter Asteropia gebahr, nebst folgenden Söhnen: Aenetus, Aktor, Phylakus und Cephalus, welcher letztere die Prokris, eine Tochter des Erechtheus zur Gemahlin nahm. Allein Aurora wurde in ihn verliebt, und entführte ihn.

Perieres nahm Messene ein, und heurathete die Gorgophone, eine Tochter des Perseus, die ihm den Aphareus, Leucippus, Tyndareus und Ikarus gebahr. Viele behaupten, Perieres wäre nicht ein Sohn des Aeolus, sondern des Cynortes, eines Sohns des Amyklas, gewesen. Dieser Ursache wegen wollen wir von den Nachkommen des Perieres bey der Atlantischen Familie reden.

Magnes, der Sohn des Aeolus, nahm die Nymphe Nais zur Gemahlin, und zeugte mit ihr den Polydektes und Diktys, welche Seriphus bevölkerten.

Sal-

Salmoneus wohnte zwar zuerst in Thessalien: als er aber wieder nach Elis kam, bauete er daselbst eine Stadt. Er wurde seiner Gottlosigkeit wegen bestraft, als er übermüthig wurde, und dem Jupiter gleich seyn wollte. Denn er gab sich selbst für den Jupiter aus, raubte die für ihm bestimmten Opferstücke, und befahl, sie zu seiner Ehre zu opfern. Um den Donner nachzuahmen, fuhr er mit einem Wagen, über welchen Häute gespannt waren und worauf er eherne Kessel hatte. Er warf auch brennende Fackeln gen Himmel, welches den Blitz vorstellen sollte. Allein, Jupiter erschlug ihn mit dem Blitz, verwüstete die von ihm erbauete Stadt und tödtete alle Einwohner.

Tyro, die Tochter des Salmoneus und der Alcidice, war vom Kretheus, dem Bruder des Salmoneus, erzogen, und verliebte sich in den Fluß Enipeus. Sie gieng deswegen ohnaufhörlich an das Ufer desselben, und beklagte sich über ihn. Neptun nahm hierauf die Gestalt des Enipeus an, und schlief bey ihr. Sie kam heimlich mit Zwillingen nieder, und setzte die Kinder weg. Als hernach Pferdehirten vor den ausgesetzten Kindern vorbey giengen, berührte eine Stutte mit dem Hufe eines von den Kindern, wovon ein Theil seines Gesichtes mit Blut unterlaufen wurde. Der Pferdehirte nahm die beyden Kinder, und erzog sie. Das blutrünstige nennte er Pelias *), und das andere Neleus. Als sie erwachsen waren, und ihre Mutter kennen gelernet, brachten sie ihre Stiefmutter mit dem Schwerdt um. Denn da sie erfahren hatten, ihre Mutter sey sehr von ihr beleidiget worden, so fielen sie sie an; und ob sie gleich noch

zur

*) von πιλιος, blutrünstig.

zur rechten Zeit in den Tempel der Juno geflohen war,
so tödtete sie doch Pelias auf dem Altare.

Beyde Brüder hatten hernach immerwährende Streitigkeiten unter einander. Neleus wurde verjagt, und
kam nach Messene, bauete Pylus, und heurathete die
Chloris, eine Tochter des Amphion, mit welcher er
eine Tochter, Pero, und folgende Söhne zeugte:
Taurus, Asterius, Pylaon, Deimachus, Eu-
rybius, Epidaus, Rhadius, Eurymenes, Evagoras, Alastor, Nestor und Periklymenus. Diesem letztern verlieh Neptun die Gabe, sich in allerhand
Gestalten zu verwandeln. Als Herkules Pylus eroberte,
wurde er bald ein Löwe, bald eine Schlange, bald eine
Biene; demohngeachtet erlegte ihn Herkules nebst den
übrigen Söhnen des Neleus.

Nestor allein wurde erhalten, weil er bey den Gereniern erzogen wurde. Er vermählte sich hernach mit
der Anaxibia, einer Tochter des Kratieus, und zeugte
mit ihr die Pisidice und Polykaste, nebst folgenden
Söhnen: Perseus, Stratichus, Aretus, Echephron,
Pisistratus, Antilochus, und Thrasymedes.

Pelias hingegen bewohnte Thessalien, heurathete
die Anaxibia, eine Tochter des Bias, oder, nach andern Nachrichten, die Philomache, eine Tochter des
Amphion, und zeugte den Akastus, und folgende
Töchter: Pisidice, Pelopia, Hippothoe und Alcestis.

Kretheus bauete Jolkus, und heurathete die
Tyro, die Tochter des Salmoneus, mit welcher er den
Aeson, Amythaon und Pheres zeugte. Amythaon,
der sich zu Pylus aufhielte, vermählte sich mit der Ido-
mene,

mene, der Tochter des Pheres, und zeugte mit ihr
dem Bias und Melampus. Dieſer letztere lebte auf
dem Lande, wo vor ſeinem Hauſe eine Eiche ſtand, auf
welcher ein Schlangenneſt war. Nachdem ſeine Bedienten die Schlangen umgebracht hatten, ſo trug er Holz
zuſammen, und verbrannte die Alten, die Jungen hingegen zog er auf. Als ſie erwachſen waren, lagen ſie,
wenn er ſchlief, auf ſeinen Schultern, und reinigten ihm
mit ihren Zungen die Ohren. Voll Schrecken ſteht er einmahl auf, verſtehet die Stimmen der Vögel, die über ihm
herumfliegen, und lernt von ihnen, den Menſchen künftige Dinge vorher ſagen. Auch in der Wahrſagerkunſt
aus den Eingeweiden der Thiere ließ er ſich unterrichten.
Als er aber bey den Alpheus dem Apollo begegnete, wurde
er vollends der beſte Wahrſager.

Bias, Sohn des Amythaons, verlangte die
Pero, eine Tochter des Neleus, zur Gemahlin. Neleus verſprach unter den vielen Freyern ſeiner Tochter ſie
dem zu geben, der ihm die Ochſen des Phylax bringen
würde. Dieſe Ochſen wurden zu Phylace von einem
Hunde bewacht, dem weder ein Menſch noch ein Thier
zu nahe kommen konnte. Weil es nun dem Bias ohnmöglich war, die Ochſen zu rauben, ſo rufte er ſeinen
Bruder um Hülfe an. Melampus verſprach ihm dies.
Allein er prophezeyhete ihm, er würde über den Raub
ergriffen und ein Jahr lang ins Gefängniß gelegt werden,
und dann würde er die Ochſen erhalten.

Dieſem Verſprechen gemäß gieng er nach Phylace,
und wurde, wie ihm vorher geſagt worden, über den
Diebſtahl gefangen, und gefeſſelt im Gefängniß bewachet.
Kurz vor Verlauf des Jahres hörte er oben am Dache
Wür-

Würmer, welche, nachdem er sie fragte, wie weit
sie den Balken durchfressen hätten, antworteten, es wäre
nur noch sehr wenig übrig; und augenblicklich befahl er,
daß man ihn in ein anderes Gemach bringen möchte.
Kaum war dies geschehen, so fiel das vorige Gefäng=
niß ein.

Phylax war voll Verwunderung, und als er er=
fuhr, daß er ein Wahrsager wäre, ließ er ihn loß, und
fragte ihn, wie sein Sohn Iphiklus Kinder bekommen
könnte. Er versprach, es ihm zu sagen, wenn er die
Ochsen bekommen würde. Hierauf schlachtete er zwey
Stiere, zerstückte sie, und rufte die Vögel herbey. Es
kam ein Geyer, von welchem er erfuhr, daß Phylax
ehedem Widder auf dem Felde verschnitten und dem Iphi=
klus das noch vom Blute triefende Messer gegeben hätte;
der Knabe wäre darüber erschrocken, und hätte das Mes=
ser, indem er fort gelaufen, in eine geheiligte Eiche ge=
steckt, über welches die Rinde gewachsen wäre; man
würde, sagte er, das Messer finden, und wenn man den
davon geschabten Rost dem Iphiklus zehn Tage lang zu
trinken geben wollte, so würde er einen Sohn zeugen. Dies
hatte Melampus zuvor schon von dem Geyer gelernt; er
fand das Messer, schabte den Rost ab, und gab ihn dem
Iphiklus zu trinken, der hierauf den Podarkes zeugte.
Die Ochsen trieb er nach Pylus, raubte die Tochter des
Neleus, gab sie seinem Bruder, und hielt sich eine Zeit=
lang zu Messene auf. Als aber Bacchus die Frauen zu
Argos rasend gemacht hatte, versprach er, sie davon zu
befreyen, wenn er einen Theil des Königreichs bekommen
würde. Dies geschah, und er ließ sich daselbst nebst sei=
nem Bruder Bias nieder.

Talaus,

Talaus, der Sohn des Bias und der Pero, zeugte mit der Lysimache, der Tochter des Abas, einem Sohne des Melampus, den Adrastus, Parthenopäus, Pronax, Mecisteus, Aristomachus, und die Eriphyle, welche Amphiaraus heurathete. Promachus, der Sohn des Parthenopäus, gieng mit den Epigonen im Krieg wider Theben. Euryalus, Sohn des Mecisteus, kam nach Troja. Pronax zeugte den Lykurg. Adrastus und Amphithea, Tochter des Pronax, hatten zu Töchtern die Argia, Deipyle und Aegialea, und zu Söhnen, den Aegiodeus und Cyanippus.

Pheres, Sohn des Kretheus, der Pherä in Thessalien erbauete, zeugte den Admetus und Lykurg. Lykurg wohnte bey Nemea, heurathete die Eurydice, oder nach andern, die Amphithea, und zeugte den Opheltes, mit dem Beynamen Archemorus.

Apollo diente um Lohn dem Admetus, König zu Pherä, und bat von ihm die Tochter des Pelias, Alcestis, zur Ehe. Pelias versprach, sie ihm zu geben, wenn er einen Wagen mit Löwen und wilden Schweinen bespannen könnte. Apollo that dies, brachte dem Pelias den Wagen, und erhielt die Alcestis. Allein, bey dem Hochzeitopfer vergaß er, der Diana zu opfern. Als er nun das Brautzimmer öfnen wollte; so fand er einen Haufen in einander geschlungener Drachen. Apollo versprach, die Göttin zu versöhnen, und bat die Parcen, daß Admetus vom Tode frey seyn möchte, wenn entweder sein Vater, oder seine Mutter, oder seine Gemahlin freywillig für ihm sterben wollte. Als nun sein Sterbetag kam, und weder Vater noch Mutter für ihn sterben wollte, so übergab sich Alcestis dem Tode. Proserpina schickte

sie

sie aber wieder zurück, oder, nach andern, Herkules, als er den Pluto bekriegte.

Jason hatte den Aeson, den Sohn des Kretheus, zum Vater, und die Polymedes, die Tochter des Autolykus, zur Mutter. Er lebte zu Jolkus. Nach dem Kretheus regierte Pelias zu Jolkus. Dieser fragte wegen seiner Regierung das Orakel um Rath, und bekam vom Apollo die Antwort, er solle sich für den Mann hü= ten, der nur Einen Schuh trüge.

Anfangs konnte er den Sinn des Orakels nicht ein= sehen, bald aber erfuhr er ihn. Denn, als er am Meere dem Neptun ein Opfer bringen wollte, so bat er viele, und unter diesen, den Jason darzu. Dieser brachte aus Lust zum Ackerbau seine Zeit auf dem Lande zu, und eilte zum Opfer. Indem er aber über den Fluß Anaurus gieng, kam er nur mit einem Schuh herüber und hatte den andern im Wasser verlohren. Pelias sah ihn, verstand das Orakel, gieng auf ihn zu, und fragte: was er, wenn es in seiner Gewalt stünde, thun würde, wenn ihm das Orakel gesagt hätte, es würde ihn einer seiner Landsleute umbringen? Nun mochte es seyn, daß es ihm von ohngefähr einfiele, oder daß es der Zorn der Juno wollte, daß Medea dem Pelias zum Unglück werden sollte, weil er die Juno verachtete, kurz, Jason sprach: ich würde ihm befehlen, das goldene Fließ zu hohlen. Gut, sagte Pelias, du kannst es hohlen. Dies goldene Fließ war zu Kolchi in dem Haine des Mars an einer Eiche aufgehängt, und von einem immer wachenden Drachen verwahret.

Zu diesem Geschäfte ließ Jason den Argos, einen Sohn des Phrixus, kommen. Dieser bauete auf Anra=

C

then

chen der Minerva ein Schiff von funfzig Rudern, das von dem Werkmeister Argo genennt wurde. An dem Vordertheile desselben besestigte Minerva ein Stück reden= des Buchenholz aus dem Walde zu Dodona.

Als das Schiff fertig war, so gab das Orakel die Erlaubniß zum Absegeln, nachdem Jason die tapfersten Griechen versammelt hatte, deren Namen hier folgen: Tiphys, Sohn des Hagnius, der Steuermann, Or= pheus, Sohn des Oeagrus, Zetus und Kalais, Söhne des Boreas, Kastor und Pollux, Söhne des Jupiters, Telamon und Peleus, Söhne des Aeakus, Herkules, Sohn des Jupiters, Theseus, Sohn des Aegeus, Idas und Lynceus, Söhne des Aphareus, Amphiaraus, Sohn des Oikles, Cäncus, Sohn des Koron, Palämon, Sohn des Vulkans oder des Aeto= lus, Cepheus, Sohn des Aleus, Laertes, Sohn des Akesius, Autolykus, Sohn des Merkurs, Atalante, Tochter des Schöneus, Menötius, Sohn des Aktors, Aktor, Sohn des Hippasus, Admetus, Sohn des Pheres, Akastus, Sohn des Pelius, Eurytus, Sohn des Merkurs, Meleager, Sohn des Oeneus, Ancäus, Sohn des Lykurgs, Erginus, Sohn des Neptuns, Pöas, Sohn des Thaumakus, Butes, Sohn des Te= leons, Phanus und Staphylus, Söhne des Bacchus, Euphemus, Sohn des Neptuns, Periklymenus, Sohn des Neleus, Augeas, Sohn des Eleus, Iphi= klus, Sohn des Thestius, Argos, Sohn des Phrixus, Euryalus, Sohn des Mecisteus, Peneleos, Sohn des Hippalmus, Leitus, Sohn des Alektors, Iphitus, Sohn des Naubolus, Askalaphus und Hialmenus, Söhne des Mars, Asterius, Sohn des Kometes, Po= lyphemus,

Inphemus, Sohn des Elatus. Diese schifften unter
Anführung des Jason ab, und landeten an der Insel
Lemnus.

Lemnus war damahls von Männern entblösset, und
wurde von der Hypsipyle, der Tochter des Thoas,
beherrschet. Das Lemnische Frauenzimmer verachtete die
Venus, die sie deswegen mit einem häßlichen Geruch be=
strafte; ihre Männer hohlten sich daher gefangene Mägb=
chen aus dem benachbarten Thrazien zu Weibern. Die
verachteten Lemnierinnen tödteten hierauf ihre Väter und
ihre Männer. Die einzige Hypsipyle erhielt ihren
Vater beym Leben, und versteckte ihn. Nun landeten
die Argonauten an dem von Weibern beherrschten Lemnus,
und schenkten dem Frauenzimmer ihre Liebe. Hypsipyle
zeugten mit dem Jason den Evenus und Nebrophonus.

Von Lemnus kamen sie zu den Dolionen, deren König
Cyzikus hieß. Dieser empfieng sie sehr höflich. In
der Nacht fuhren sie von da wieder ab, wurden aber von
widrigen Winden verschlagen, und kamen, ohne es zu
wissen, wiederum zu den Dolionen. Diese glaubten,
es wäre eine Pelasgische Armee, (denn mit den Pelasgern
führten sie unaufhörlich Krieg) und griffen sie zu Nacht
an, ohne daß beyde Theile einander kannten. Die Ar=
gonauten tödteten viele, und unter andern den Cyzikus.
Als es Tag wurde, fanden sie ihren Irrthum, weinten,
schoren sich die Haare ab, und begruben den Cyzikus
sehr prächtig. Hierauf reiseten sie nach Mysien.

Hier liessen sie den Herkules und Polyphemus
zurück. Denn Hylas, der Sohn des Thiodamas,
den Herkules liebte, wurde wegen seiner Schönheit von

den Nymphen geraubt, als er Waſſer hohlte. Poly=
phemus, der ihn ſchreyen hörte, ſeinen Degen zog,
und die Räuber verfolgte, von denen er glaubte, daß ſie
ihn wegführten, begegnete dem Herkules, und ſagte es
ihm. Beyde ſuchten nun den Hylas, und das Schiff
ſeegelte unterdeß ab. Polyphemus bauete alsdann in
Myſien eine Stadt, mit Namen Cius, und ward Kö=
nig daſelbſt. Herkules aber kehrte zurück nach Argos.
Herodot ſagt, er ſey gleich Anfangs nicht mit gereiſet,
ſondern habe der Omphale gedient. Pherecydes hin=
gegen erzählt, er ſey bey den Apheten in Theſſalien zu=
rückgeblieben, indem das Schiff Argo geſagt hätte, es
könne ſeine Schwere nicht ertragen. Demaratus end=
lich behauptet, er ſey mit nach Kolchi geſchifft. Diony=
ſius hat ihn gar zum Anführer der Argonauten gemacht.

Von Myſien kamen ſie in das Land der Bebrycer,
welche Amykus, ein Sohn des Neptuns und der
Bithynis, beherrſchte. Dieſer war ſehr tapfer, und
nöthigte die zu ihm kommenden Fremden, mit ihm zu
fechten, und bey dieſer Gelegenheit brachte er ſie um.
Er gieng alſo auch damahls an das Schiff Argo, und
forderte den Stärkſten zum Fauſtſchlagen heraus. Pol=
lux ließ ſich mit ihm ein, zerſchmetterte ihm den Arm,
und tödtete ihn. Als ihn hierauf die Bebrycer anfallen
wollten, ergriffen die Tapferſten ihre Waffen, und erſchlu=
gen viele auf der Flucht.

Von hier ſchifften ſie nach Salmydeſſus, einer Stadt
in Thrazien, wo ſich der blinde Wahrſager Phineus
aufhielte, welchen einige für einen Sohn des Agenors,
andere für einen Sohn des Neptuns halten. Einige ſa=
gen, die Götter hätten ihn blind gemacht, weil er den

Menschen zukünftige Dinge vorhersagte. Andere behaupten, Boreas und die Argonauten hätten dies gethan, weil er sich von seiner Stiefmutter bereden lassen, seine Kinder zu blenden. Noch andere geben es dem Neptun Schuld, weil er den Kindern des Phrixus den Weg aus Kolchi nach Griechenland gezeigt hätte. Die Götter schickten ihm auch die Harpyen zu, welche geflügelt waren, und, wenn Phineus am Tisch gesetzt wurde, vom Himmel herab flogen, und ihm das meiste raubten; das Wenige aber, was sie übrig ließen, machten sie stinkend, daß es niemand essen konnte.

Als sich nun die Argonauten von ihm ihrer Schiffarth wegen unterrichten lassen wollten, so versprach er es ihnen, wenn sie ihn von den Harpyen befreyen wollten. Sie setzten ihn hierauf an einen Speisetisch. Plötzlich kamen die Harpyen mit Lärmen herbey geflogen, und raubten die Speise. Die Söhne des Boreas, Zetus und Kalais, die geflügelt waren, hatten dies kaum gesehen, so zogen sie ihre Schwerdter, und verfolgten sie durch die Luft. Nun hatte das Schicksaal beschlossen, die Harpyen sollten durch die Söhne des Boreas umkommen: hingegen würden die Söhne des Boreas sterben, wenn sie die Harpyen verfolgen und nicht einhohlen würden.

Eine von den Harpyen fiel auf der Flucht bey dem Peloponnes in den Fluß Tigres, der ietzt von ihr Harpys genennt wird; andere nennen sie Nikothoe, andere aber Aellopus. Die andere Harpye hieß Okypete, oder nach andern, Okythoe. Hesiodus nennet sie Okypete. Diese flohe durch den Propontis, und kam bis an die Echinadischen Inseln, die ietzt von ihr Stropha-

C 3   des

des heiſſen, weil ſie umkehrte (ἐϛϱάφη), als ſie dahin
kam. Allein kaum hatte ſie das Ufer erreicht, ſo fiel ſie
ermüdet nebſt ihrem Verfolger nieder. Apollonius
hingegen in ſeinem Gedichte von den Argonauten erzählt,
ſie wären bis an die Strophadiſchen Inſeln gekommen,
und hätten keinen Schaden erlitten, weil ſie einen Eid
abgelegt, den Phineus nicht weiter zu beleidigen.

Phineus war nun von den Harpyen befreyt, und
erzählte den Argonauten ihre künftige Schiffarth; beſon-
ders warnte er ſie für die im Meere befindlichen Sym-
plegadiſchen Felſen. Dieſe waren ungeheuer groß, und
wurden von der Heftigkeit der Winde gegen einander ge-
ſtoſſen, welches die Schiffahrt hemmte. Sie erregten
einen ſtarken Nebel und ein heftiges Getöſe. Selbſt den
Vögeln war es nicht möglich, durchzukommen. Phineus gab den Argonauten den Rath, eine Taube hindurch fliegen zu laſſen, und wenn ſie ſähen, daß ſie glücklich durchkäme, ſo ſollten ſie getroſt durchſchiffen; käme
ſie aber um, ſo ſollten ſie es nicht mit Gewalt verſuchen.

Auf dieſe Nachricht fuhren ſie ab. Sie kamen an
die Felſen, lieſſen eine Taube vom Vordertheile des
Schiffs abfliegen, welche auch durchkam, iedoch ſo, daß
ihr die zuſammenſchlagenden Felſen das Aeuſſerſte des
Schwanzes wegnahmen. Nachdem ſie ſo das Auf- und
Zuſchlagen der Felſen bemerkt hatten, ſchifften ſie mit
ſcharf angeſtrengten Rudern und unter dem Beyſtande
der Juno hindurch, ſo, daß nur das äuſſerſte Ende des
Hintertheils verletzt wurde.

Von dieſer Zeit an blieben die Symplegaden feſte
ſtehn. Denn das Schickſal wollte es, daß ſie ſtets ſtehen
bleiben

bleiben sollten, so bald ein Schiff durchgefahren seyn würde.

Die Argonauten kamen hierauf zu den Maryandynern *). Hier wurden sie vom Könige Lykus sehr höflich empfangen. Allein sie verliehren den Wahrsager Jdmon, den ein wildes Schwein gehauen hatte. Auch Tiphys stirbt, und Ancäus verspricht, an dessen Stelle das Steuerruder zu führen. Alsdann schifften sie vor den Thermodon und Kaukasus vorbey, und kamen an den Phasis, einen Kolchischen Fluß. Das Schiff landet, Jason geht zum Aeetes, erzählt ihm seinen Auftrag vom Pelias, und bittet um das Fell. Es wurde ihm versprochen, wenn er die Stiere mit den ehernen Füssen allein unter das Joch bringen würde. Dies waren zwey wilde und ausserordentlich grosse Stiere, ein Geschenk des Vulkans. Sie hatten eherne Füsse, und schnaubten Feuer. Nach dem Unterjochen dieser Stiere sollte er Drachenzähne säen. Denn Aeetes hatte von der Minerva die Hälfte der vom Kadmus zu Theben gesäeten Zähne erhalten. Jason war unschlüßig, wie er die Stiere zusammenjochen sollte. Unterdessen verliebte sich Medea in ihm. Dies war die Tochter des Aeetes, und der Jdyia, einer Tochter des Oceans, und eine Giftmischerin. Weil sie befürchtete, die Stiere möchten ihn umbringen, so versprach sie, ihm ohne Wissen ihres Vaters zum Anjochen der Stiere behülflich zu seyn, und das Fell in seine Hände zu liefern, wenn er ihr eidlich versichern würde, sie zu heurathen, und mit nach Griechenland zu nehmen. Jason schwur; dann gab sie ihm eine Arzney, womit er, wenn er die Stiere zusammenjochen wollte,

C 4   sei-

*) Nachher die Galater.

sitzen Schild, den Spieß und den ganzen Körper bestrei=
chen sollte. Wenn er dieß thäte, sagte sie, so würde er
einen Tag lang weder vom Feuer noch vom Schwerdt
verletzt werden können. Sie sagte ihm auch, beym Säen
der Zähne würden zwar gewaffnete Männer gegen ihn
aus der Erde hervorsteigen; er sollte aber nur, so bald er
viele sehen würde, von weiten Steine unter sie werfen;
dann würden sie selbst mit einander anfangen zu streiten,
so, daß er sie umbringen könnte.

Diesen Erinnerungen zu Folge salbte sich Jason mit
der Arzney, gieng in den Hain des Tempels, und suchte
die Stiere. Ganz feurig stürmten sie auf ihn zu: allein
er legte ihnen das Joch auf. Dann säete er die Zähne,
wovon gewaffnete Männer aus der Erde empor stiegen.
Als ihrer eine ziemliche Anzahl war, warf er unvermerkt
Steine unter sie, griff sie, als sie mit einander stritten,
an, und tödtete sie.

Jason hatte nun zwar die Stiere unter das Joch
gebracht; demohngeachtet gab ihm Aeetes das Fell nicht.
Er wollte vielmehr das Schiff Argo anzünden, und die
Schiffleute umbringen. Allein Medea kam ihm zuvor,
führte den Jason zu dem Felle, und nachdem sie den
Drachen, der es bewachte, durch Gifttränke eingeschlä=
fert hatte, nahm sie nebst dem Jason das Fell, und begab
sich zu dem Schiff. Ihr Bruder Absyrtus folgte ihr,
und die Argonauten fuhren mit ihnen davon.

Aeetes erfuhr nunmehr das Unterfangen der Me=
dea, und machte sich fertig, das Schiff zu verfolgen.
Medea siehet ihn kommen, tödtet ihren Bruder, zerstückt
ihn, und wirft ihn ins Meer. Aeetes sammelte die
Glieder des Knaben, und wurde dadurch im Verfolgen
aufgehalten. Er kehrte deswegen zurück, begrub die er=

haltenen

haltenen Glieder seines Sohns, und nennte den Ort
Tomi. Dann schickte er viele Kolchier aus, um das
Schiff Argo aufzusuchen, mit der Drohung, sie mit der
der Medea zugedachten Strafe zu belegen, wenn sie sie
nicht zurückbringen würden. Unterdessen, daß sich jene
zerstreueten, die Argonauten zu suchen, waren diese schon
vor dem Fluß Eridanus vorbey geschifft.

Jupiter, über den Mord des Absyrtus erzürnt,
schickte einen heftigen Sturm über die Argonauten, und
führte sie auf Irrwege. Als sie nun vor den Absyrtischen
Inseln vorbey fuhren, sagte das Schiff: Der Zorn des
Jupiters wird nicht aufhören, wenn ihr nicht nach Au-
sonien fahren und euch durch die Circe wegen des Mords
des Absyrtus werdet aussöhnen lassen. Sie schifften
daher vor den Libyschen *) und Celtischen Völkern vorbey, kamen durch das Sardinische Meer, liessen Hetrurien
auf der Seite liegen, und langten zu Aeäa an, wo sie
von der Circe als Bußfertige gereiniget und ausgesöhnt
wurden.

Als sie vor den Sirenen vorbeyschifften, hielt Orpheus die Argonauten ab, indem er einen Gegengesang
anstimmte. Der einzige Butes schwomm zu ihnen hin.
Venus aber nahm ihn weg, und versetzte ihn nach Lilybäum.

Nach den Sirenen stieß das Schiff auf die Cha-
rybdis und Scylla, und auf herumschwimmende Felsen,
über die man viel Feuer und Rauch empor steigen sahe.
Allein Thetis nebst den Nereiden führte sie auf Vermah-
nung der Juno hindurch.

Dann schifften sie vor der Insel Sicilien vorbey, wo
die Ochsen der Sonne sind, und kamen nach Korcyra,
der Insel der Phäaker, deren König Alcinous hieß.

C 5 Inzwi-

*) Oder vielmehr Ligyschen.

Inzwischen konnten die Kolchier das Schiff nicht finden; daher liessen sich einige auf den Korcyrischen Gebürgen nieder: andere kamen nach Illyrien, und bewohnten die Absyrtischen Inseln. Einige aber kamen zu den Phäakern, trafen das Schiff Argo an, und verlangten vom Alcinous die Medea. Alcinous antwortete: Wenn sie schon mit dem Jason verehelichet ist, so werde ich sie nicht ausliefern: ist sie aber noch eine Jungfer, so will ich sie ihrem Vater wieder schicken. Kaum hatte dies Arete, die Gemahlin des Alcinous, gehört, so vermählte sie die Medea mit dem Jason, und die Kolchier blieben deswegen bey den Phäakern.

Hierauf fuhren die Argonauten mit der Medea weiter. Allein zu Nacht überfiel sie ein schrecklicher Sturm. Apollo aber stand auf dem Melantischen Felsen, schoß einen Pfeil ab, und schleuderte Blitze ins Meer *). Dann sahen sie in der Nähe eine Insel, wo sie anlandeten, und weil sie ihnen wider Vermuthen erschienen war, nennten sie sie Anaphe. Sie errichteten daselbst dem Apollo Aegletus einen Altar, opferten, und hielten einen Festtag.

Hier beleidigten die von der Arete der Medea geschenkten zwölf Mägdchen die Vornehmsten mit Spöttereyen. Daher ist noch heut zu Tage unter dem Frauenzimmer die Gewohnheit, beym Opfern zu spotten.

Als sie nach Kreta kamen, hinderte sie Talus, anzuländen. Dieser Talus soll nach einigen Nachrichten von dem ehernen Geschlechte abstammen: nach andern aber soll ihn Vulkan dem Minos geschenkt haben. Er war ein eherner Mann. Einige nennen ihn Taurus. Er hatte eine einzige Ader, die vom Nacken bis an die Knöchel reichte, und in der Haut dieser Ader steckte ein eherner Nagel.

Dieser

*) Ich folge hier den Verbesserungen des Gale, die sich auf die Nachrichten anderer Fabelscribenten stützen.

Dieser Talus lief alle Tage dreymahl um die Insel und bewachte sie. Da er nun auch das Schiff Argo herbey= kommen sahe, warf er es mit Steinen. Allein durch die list der Medea starb er; einige sagen, an der durch die Gifttränke der Medea erregten Raserey; andere erzählen, Medea habe ihn unsterblich zu machen versprochen, und den Nagel ausgezogen, da dann alles Blut von ihm gelaufen und er gestorben wäre. Noch andere sagen, Pöas habe ihn in den Knöchel geschossen, und so getödtet.

Hier blieben sie eine Nacht lang; dann schifften sie nach Aegina, wo sie frisches Wasser einnehmen wollten, worüber ein Streit entstand. Von hier schifften sie bey Eubva und Lokris vorbey, und kamen nach einer vier Mo= nat langen Schiffarth nach Jolkus.

Pelias verzweifelte an der Rückkehr der Argonauten und wollte unterdessen den Aeson tödten. Er bat sich aber aus, daß er sich selbst umbringen dürfte, trank hierauf getrost das Blut von einem geopferten Stiere, und starb.

Die Mutter des Jason verwünschte den Pelias, ließ ihren kleinen Sohn, als einen Vorläufer des Kriegs, zurück, und erhieng sich selbst. Pelias aber tödtete auch das zu= rückgelassene Kind. Nach diesen kommt Jason zurück, giebt ihm das Fell, und wartet auf Gelegenheit, die ver= übte Bosheit zu rächen.

Unterdessen seegelte er mit den Helden nach den Isth= mus, und widmete das Schiff dem Neptun. Er vermahnte hernach die Medea, ein Mittel zu erfinden, wie er sich an den Pelias rächen könnte. Sie gieng deswegen in den Pallast des Pelias, und beredete seine Töchter, (Asterope und Antinoe,) ihren Vater zu zerfleischen und zu kochen; sie wolle alsdann durch ihre Zaubereyen ihn wieder jung machen. Damit sie die Sache desto eher glauben möchten, zerſtückte ſie einen Widder, kochte ihn, und machte ein Lamm daraus. Die Mägdchen glaubten es, zerfleiſchten den Vater, und kochten ihn.

Akaſtus begrub nebſt den Einwohnern von Jolkus ſeinen Vater, und jagte den Jaſon nebſt der Medea aus Jolkus. Dieſe kamen nach Korinth, wo ſie zehn Jahre lang glücklich lebten.

Als aber Kreon, König zu Korinth, ſeine Tochter Glauce dem Jaſon verſprach, verließ dieſer die Medea, und heurathete ſie. Medea aber rief die Götter an, bey denen Jaſon geſchworen hatte, verwünſchte ohnaufhörlich ſeine Undankbarkeit, und ſchickte der Braut ein mit Gift beſtrichenes Kleid, welche, ſo bald ſie es angezogen, nebſt ihrem zu Hülfe eilenden Vater, von einem freſſenden Feuer verbrannte. Den Mermerus und Pheres, die ſie mit dem Jaſon erzeugt hatte, tödtete ſie. Sie bekam hernach von der Sonne einen Wagen mit geflügelten Drachen, auf welchem ſie nach Athen flohe. Bey dieſer Flucht ſoll ſie, nach andern Nachrichten, ihre noch unmündigen Kinder vor den Altar der Juno Akräa hingeſetzt haben, die hernach die Korinthier niedermachten, nachdem ſie aufgeſtanden waren.

Medea aber kam nach Athen, und vermählte ſich mit dem Aegeus, und gebahr ihm einen Sohn, mit Namen Medon. Sie mußte aber, weil ſie dem Theſeus nachſtellte, nebſt ihrem Sohne aus Athen fliehen. Medon überwand viele Völker, nennte das ganze Land nach ſeinem Namen Medien, und ſtarb auf einem Feldzuge nach Indien.

Medea kam endlich unbekannter Weiſe nach Kolchi, wo ſie ihren Vater Aeetes, den ihr Bruder Perſus des Reichs entſetzt hatte, wieder ins Königreich einſetzte, und den Bruder tödtete.

Biblio=

Bibliothek

des

Apollodors.

Zweytes Buch.

Zweytes Buch.

Cap. I.

Deukalions Geschlecht ist beschrieben; nun folget das Geschlecht des Inachus.

Oceanus und Tethys zeugten den Inachus, von dem der Fluß Inachus in Argos den Namen hat. Mit Melissen der Tochter des Oceans, zeugte er den Phoroneus und Aegialeus. Aegialeus starb ohne Kinder, und die ganze Gegend wurde nach ihm Aegialea genennet. Phoroneus beherrschte die ganze Gegend, die nachher Peloponnes genennt wurde, und zeugte mit der Nymphe Laodice den Apis und die Niobe.

Apis, ein gewaltthätiger Regent, der seine Herrschaft in Tyranney verwandelt, und den Peloponnes nach seinem Namen Apia genennt hatte, wurde vom Thelxion und Telchinus überfallen, und starb ohne Kinder. Er wurde hierauf unter die Götter gerechnet, und Sarapis genennt.

Jupiter und Niobe, die erste vom Jupiter geliebte Sterbliche, zeugten den Argos, wie auch, dem Akusilaus zu Folge, den Pelasgus, von welchem die Einwohner des Peloponnes Pelasger genennt wurden. Hesiodus hingegen giebt den Pelasgus für einen Autochthon *) aus. Allein, von diesem wollen wir an einem andern Orte reden.

Argus,

---

*) Der aus der Erde entsprungen ist.

Argus, der Nachfolger des Phoroneus, nennte den Peloponnes nach seinem Namen Argus. Mit seiner Gemahlin Evadne, der Tochter des Strymon und der Neära, zeugte er den Jasus, Piranthus, Epidaurus, und Kriasus, welcher letztere das Königreich erhielt. Jasus zeugte den Agenor, und dieser den Argus, mit dem Beynamen Panoptes, der am ganzen Körper Augen hatte, und so stark war, daß er den Arkabien verwüstenden Ochsen tödtete, und sich mit seinem Felle bekleidete. Auch den Satyrus, der die Arkabier beunruhigte und ihr Vieh raubte, griff er an und tödtete ihn. Er soll auch die Echidna, welche, vom Tartarus und der Tellus erzeugt, die Reisenden anfiele, hinterlistig im Schlaf umgebracht haben. Er rächte auch den Mord des Apis, indem er die Schuldigen umbrachte.

Jasus, der Sohn des Argus und der Ismene, einer Tochter des Asopus, soll die Jo gezeugt haben. Kastor in seinem Buche von der Ungewißheit der Zeitrechnung und viele tragische Dichter machen die Jo zu einer Tochter des Jnachus. Hesiodus hingegen und Akusilaus halten sie für eine Tochter des Pirenes. Jupiter liebte sie, indem sie den Gottesdienst der Juno verrichtete. Juno ergriff sie über der That, rührte das Mägdchen an, und verwandelt es in eine weisse Kuh. Jupiter aber schwur, daß er sie nicht berührt habe. Daher sagt Hesiodus, der Schwur eines Liebhabers reitze nicht der Götter Zorn.

Juno verlangte vom Jupiter die Kuh, und setzte den Argus Panoptes zum Wächter über sie. Diesen Argus hält Asklepiades für einen Sohn des Arestor; Pherecydes, für den Sohn des Jnachus; Cerkops,

kops, für einen Sohn des Argus und der Ismene, einer Tochter des Asopus; Akusilaus endlich läßt ihn aus der Erde entspringen.

Argus band die Kuh an einen Oelbaum, der im Mycenäischem Haine stand. Jupiter befahl dem Merkur, die Kuh zu stehlen; weil er aber vom Hierax verrathen wurde, und es also nicht thun konnte, so warf er den Argus mit einem Steine todt. Daher bekam Merkur den Beynamen Argiphontes *). Juno aber schickte eine Roßfliege über die Kuh, welche hierauf nach den von ihr benennten Jonischen Meerbusen kam; dann lief sie nach Illyrien, über den Hämus, kam an die Küste, die ehemahls die Thrazische hieß, nun aber von ihr der Bosporus genennt wird. Nachdem sie hierauf Scythien und Cimmerien durchwandert, durch viele Länder geirrt und viele Meere in Europa und Asien durchschwommen hatte, kam sie endlich nach Aegypten, wo sie ihre vorige Gestalt wieder bekam, und an dem Nilstrome den Epaphus gebahr. Diesen verbargen auf Bitten der Juno die Kureten. Allein Jupiter merkte dies, und tödtet die Kureten.

Unterdessen war Jo beschäftiget, ihren Sohn zu suchen. Sie durchirrte deswegen ganz Syrien, weil sie erfahren hatte, daß die Gemahlin des Königs der Byblier ihren Sohn erzöge. Als sie ihn gefunden hatte, kam sie wieder nach Aegypten, und vermählte sich mit dem damahligen König der Aegypter, den Telegonus. Sie setzte der Ceres eine Statue, die die Aegypter Isis nennten, und Jo bekam daher gleichfalls den Namen Isis.

Epa-

*) Mörder des Argus.

D

Epaphus, König in Aegypten, wählte die Mem-
phis, eine Tochter des Nils, zur Gemahlin, und er-
bauete die nach ihrem Namen benennte Stadt Memphis.
Sie gebahr ihm eine Tochter, die Libye, von der die
Landschaft Libyen den Namen erhielte. Libye und
Neptun zeugten Zwillinge, den Agenor und Belus.
Agenor kam nach Phönizien, und wurde König daselbst.
Er ist der Stammvater eines grossen Geschlechtes, wel-
ches wir übergehen.

Belus blieb in Aegypten, und ward König. Er
vermählte sich mit der Anchinoe, einer Tochter des Nils,
und zeugte mit ihr Zwillinge, den Aegyptus und Danaus, und, nach dem Euripides, noch den Cepheus
und Phineus. Den Danaus ließ Belus Libyen,
und den Aegyptus Arabien bewohnen. Dieser letztere
eroberte das Land der Melampoden und nennte es nach
seinem Namen Aegypten.

Aegyptus zeugte mit vielen Gemahlinnen funfzig
Söhne, und Danaus funfzig Töchter. Da sie aber
wegen der Regierung mit einander stritten, so ließ Danaus endlich durch seine Töchter die Söhne des Aegyptus, einen oder zwey ausgenommen, umbringen. Denn
er befürchtete, der Ausspruch des Orakels möchte in Er-
füllung kommen, daß er von einem derselben getödtet
werden würde.

Er bauete beswegen zuerst auf Anrathen der Minerva ein Schiff, das er nach der Anzahl seiner Töchter
Pentekontoros *) nennte, in welches er die Mägdchen
setzte, und mit ihnen entflohe. An der Insel Rhodus
landete

*) Funfzigruderig.

landete er, und errichtete der **Minerva Lindia** zu Ehren eine Bildsäule. Von hier kam er nach Argos, wo ihm der damahlige König **Helanor** die Regierung übertrug.

Als er nun das Land im Besitz hatte, nennte er die Einwohner nach seinem Namen **Danaer**. Weil aber in der ganzen Landschaft kein Wasser war, indem Neptun aus Zorn gegen den **Inachus**, der die Gegend der Minerva zugeeignet, die Quellen ausgetrocknet hatte, so schickte er seine Töchter nach Wasser. Die eine von ihnen, **Amymone**, schoß einen Pfeil nach einem Hirsch, und traf einen schlafenden Satyr. Dieser wachte auf, und verliebte sich in das Mägdchen. Allein Neptun erschien, und der Satyr flohe. Neptun schlief hernach bey dem Mägdchen, und zeugte mit ihr die lernäischen Quellen.

Die Söhne des **Aegyptus** kamen hierauf nach Argos, versicherten, daß ihre Uneinigkeit ein Ende hätte, und wollten die Töchter des **Danaus** heurathen. Danaus, mißtrauisch gegen dieses Versprechen und seiner Flucht eingedenk, versprach ihnen die Hochzeit, und theilte die Mägdchen durchs Loos. Die **Hypermnestra** aber, welches die älteste war, wählte er für den **Lynceus**, und die **Gorgophone** für den **Proteus**. Denn diese hatte Aegyptus mit der Königin Argyphie gezeugt. Die übrigen looseten. **Busiris**, **Enceladus**, **Lykus** und **Daiphron** bekamen die **Automate**, **Amymone**, **Agave** und **Skäe**, welche Danaus mit der Königin Europa gezeugt hatte. Von der Elephantis hingegen hatte er die **Gorgophone** und **Hypermnestra**. Lynceus erhielt durchs Loos die **Kalyce**; Istrus die **Hippodamia**; Chalkodon die **Rhodia**; Agenor die **Kleopa-**

D 2 tra;

tra; Chátus die Asteria; Diokorystes die Hippodamia; Alkis die Glauke; Alkmenon die Hippo-
medusa; Hippothous die Gorge; Euchenor die
Iphimedusa; Hippolytus die Rhode. Diese zehn
waren Töchter der Arabia. Die mit den Hamadryaden
erzeugten Mägdchen sind von der Atlantea und Phöbe.
Agaptolemus bekam durchs Loos die Pirene; Cer-
kestis die Dorion; Eurydamas die Pharte; Aegius
die Mnestra; Argius die Evippe; Archelaus die
Anexibie; Minachus die Nelo. Diese sieben Söhne
sind von einer Phönizierin, und die Mägdchen von einer
Aethioperin. Ohne Loos und wegen der blossen Gleichheit
der Namen heuratheten die Söhne der Tyria die Töchter
der Memphis, nämlich: Klitus die Klite; Sthenelus die Sthenele; Chrysippus die Chrysip-
pe. Die zwölf Söhne der Kaliande und der Nymphe
Naïs looseten um die Töchter der Najade Polyxo.
Die Söhne waren diese: Eurylochus, Phantes, Pe-
risthenes, Hermus, Dryas, Potamon, Cisseus,
Lixus, Imbrus, Bromius, Polyktor, Chthonius.
Und die Mägdchen der Nymphe: Autonoe, Theano,
Elektra, Kleopatra, Eurydice, Glaucippe, An-
thelia, Kleodore, Evippe, Erato, Stygne, und
Bryce. Die von den Gorgonen dem Aegyptus ge-
bohrnen Söhne looseten um die Töchter der Pieria.
Periphas bekam die Aktäa, Oeneus die Podarce;
Aegyptus die Dioxippe; Menalkes die Adyte;
Lampus die Okypete; Idmon die Pylarge. Die
acht jüngsten Paare sind folgende: Idas und Hippo-
dice; Daiphron und Adiante (die Mutter dieser bey-
den Mägdchen hieß Herse;) Pandion und Kallidice;
Arbelus und Oeme; Hyperbius und Celäno;

Hip-

Hippokorystes und Hyperiple. Die Mutter dieser Männer hieß Hephästine; und die Mutter der Mägdchen, Krino.

Als nun die Mägdchen ihre Männer durchs Loos erhalten hatten, gab ihnen ihr Vater bey der Hochzeit Dolche, womit sie ihre schlafenden Bräutigame umbrachten, ausgenommen die Hypermnestra. Denn diese ließ den Lynceus am Leben, weil er sie nicht berührt hatte. Deswegen schloß sie Danaus ein, und ließ sie bewachen. Die andern Töchter des Danaus aber warfen die Köpfe ihrer Bräutigame in die Lerna, und die Körper begruben sie vor der Stadt. Minerva und Merkur reinigten sie auf Befehl des Jupiters.

Danaus vermählte hernach die Hypermnestra mit dem Lynceus; die übrigen Töchter aber gab er den Siegern in den Kampfspielen.

Amymone zeugte mit dem Neptun den Nauplius. Dieser wurde sehr alt, schiffte auf dem Meere herum, und beklagte die im Meere Ertrunkenen. Endlich starb er auf eben die Weise, wie andere, die er beklagt hatte. Ehe er starb, heurathete er, wie die tragischen Dichter sagen, die Klymene, die Tochter des Atreus; oder, nach dem Verfasser der Rückzüge, die Philyra; oder, nach dem Cerkops, die Hesione; und sie gebahr den Palamedes, Oeakus und Nausimedon.

Cap. 2.

Nach dem Danaus wurde Lynceus König zu Argos, und zeugte mit der Hypermnestra den Abas. Diesem gebahr die Okalia, eine Tochter des Mantineus, Zwillinge, den Akrisius und Prötus, die schon

D 3   im

im Mutterleibe uneinig mit einander waren. Als sie äl=
ter wurden, führten sie wegen des Königreichs Krieg mit
einander. In diesem Kriege erfanden sie zuerst die
Schilder. Akrisius behielt die Oberhand, und jagte den
Prötus aus Argos, der hierauf nach Lycien zum Joba=
tes kam, oder, nach andern, zum Amphianax, dessen
Tochter er heurathete, die nach dem Homer, Antea,
nach den tragischen Dichtern aber, Sthenebőa hieß.

Sein Schwiegervater führte ihn mit einer lycischen
Armee zurück, und nahm Tirynth ein, welches ihm die
Cyklopen mit Mauern umgaben. Sie theilten aber her=
nach das Argivische Land unter sich, und blieben daselbst.
Akrisius war also zu Argos König, und Prötus zu
Tirynth. Akrisius zeugte mit der Eurydice, einer
Tochter des Lacedámons, die Danae.

Prötus zeugte mit der Sthenebőa die Lysippe,
Iphinoe und Iphianassa. Als diese erwachsen waren,
verfielen sie in Raserey, weil sie, wie Hesiodus sagt, die
Geheimnisse des Bacchus nicht angenommen; nach dem
Akusilaus hingegen, weil sie die Bildsäule der Juno
verachtet hatten. In dieser Raserey durchirrten sie das
ganze Argivische Land, hernach durchstrichen sie in der
grösten Unordnung Arkadien und den Peloponnes, und
liefen in Wüsten herum. Melampus, der Sohn des
Amythaons und der Jdomene, einer Tochter des Abas,
der ein Wahrsager war, und das Giftmischen und Reini=
gen erfunden hatte, versprach, die Mägdchen zu heilen,
wenn er den dritten Theil des Königreichs erhalten würde.
Allein Prötus wollte sie für einen so grossen Lohn nicht
heilen lassen, und die Mägdchen raseten noch immer fort,
ja, auch die übrigen Frauenspersonen. Denn sie verließ=
sen

sen ihre Häuser, brachten ihre Kinder um, und liefen in
die Wüste. Weil nun das Uebel immer grösser wurde,
so gab Prötus die verlangte Belohnung her. Nun wollte
sie aber Melampus nicht eher heilen, als bis sein Bruder
Bias eben so viel Land erhalten würde. Prötus be=
fürchtete, er möchte bey längerer Verzögerung der Heilung
noch mehr fordern, und gab unter diesen Bedingungen
seine Einwilligung darzu.

Melampus nahm hierauf die stärksten Jünglinge,
und verfolgte sie unter einem grossen Geschrey und Bac=
chantenchören von den Gebürgen herab bis nach Sicyon.
Auf der Flucht starb Iphinoe, die älteste der Töchter.
Die übrigen aber hohlte man ein, reinigte sie, und brachte
sie wieder zu Verstande. Prötus gab sie dem Me=
lampus und Bias zur Ehe. Er zeugte hernach noch
einen Sohn, Namens Megapenthes.

Cap. 3.

Bellerophontes, der Sohn des Glaukus und Enkel
des Sisyphus, tödtete aus Versehen seinen Bru=
der Deliades, oder, wie ihn andere nennen, Pirenes,
aber, nach noch andern, Alcimenes, flohe nach Argos
zum Prötus, und ließ sich aussöhnen. Die Gemahlin
des Prötus Sthenoböa oder Antea, verliebte sich in
ihm, und suchte sich seine Gefälligkeit zu erwerben. Als
er ihr aber kein Gehör gab, sagte sie zum Prötus, Bel=
lerophontes habe sie zu einer unrechtmäßigen Handlung
verleiten wollen. Prötus war leichtgläubig, und gab
ihm Briefe an seinen Schwiegervater Jobates zu brin=
gen, in welchen er geschrieben hatte, den Bellerophontes

zu tödten. Jobates las sie, und befahl ihm, die Chi=
mära zu tödten, weil er glaubte, er würde durch dieses
wilde Thier umkommen.   Denn viele Menschen konnten
es nicht umbringen, geschweige einer.   Dies Thier war
vorne wie ein Löwe, hinten wie ein Drache, und in der
Mitte wie eine Ziege gestaltet.   Es spiee Feuer aus,
verwüstete die Gegend, und richtete die Heerden zu
Grunde.   Denn in seiner einzigen Natur war die Stärke
von drey Thieren vereiniget.   Amisodarus soll, wie
Homer sagt, die Chimära aufgezogen haben; und He=
siodus erzählt, sie sey vom Typhon und der Echidna
entsprungen.

   Bellerophontes setzte sich auf den Pegasus, wel=
ches ein von der Medusa und vom Neptun erzeugtes
geflügeltes Pferd war.   Mit diesem flog er in die Höhe;
und schoß von da aus die Chimära mit Pfeilen todt.

   Nach diesem Streite befahl ihm Jobates, mit den
Solymern zu kämpfen.   Als auch dies geschehen war,
legte er ihm auf, mit den Amazonen Krieg zu führen.
Nachdem diese gleichfalls erlegt waren, sammelte er die
tapfersten Jünglinge unter den Lyciern, und befahl ih=
nen, den Bellerophontes hinterlistig umzubringen.
Allein auch diese besiegte er, worüber Jobates in Ver=
wunderung gerieth, ihm die Briefe zeigte, und ihn bat,
bey ihm zu bleiben.   Er gab ihm zugleich seine Tochter
Philonoe, und hinterließ ihm das Königreich.

Cap. 4.

Als Akrisius wegen der Geburt seiner männlichen Nachkommen das Orakel um Rath fragte; so erhielt er zur Antwort, seine Tochter würde einen Sohn gebähren, der ihn umbringen würde. Akrisius ließ deswegen unter der Erde ein ehernes Schlafgemach bauen, und verwahrte die Danae daselbst. Allein Prötus brauchte sie, wie einige sagen, zu seinem Willen, daher wäre sein Bruder uneinig mit ihm geworden. Andere sagen, Jupiter habe sich in einen goldenen Regen verwandelt, und sey durch das Dach in den Schooß der Danae gefallen.

Akrisius erfuhr hernach, sie habe den Perseus gebohren, und weil er nicht glaubte, daß sie vom Jupiter schwanger worden, so schloß er die Tochter nebst dem Kinde in einen Kasten, und warf ihn ins Meer. Der Kasten wurde an die Insel Seriphus getrieben, wo ihn Diktys aufnahm und den Knaben erzog.

Polydektes, König zu Seriphus und leiblicher Bruder des Diktys, verliebte sich, als Perseus schon erwachsen war, in die Danae. Weil sie ihm aber kein Gehör gab, so rufte er seine Freunde, nebst dem Perseus, zusammen, und sagte, er wolle zu seiner Hochzeit mit der Hippodamia, der Tochter des Oenomaus, eine Beysteuer sammeln. Als nun Perseus fragte: worinn soll denn die Beysteuer bestehen? und Polydektes sagte, in Pferden; so sprach Perseus: Gut, meine Beysteuer soll in dem Kopfe der Gorgo bestehen. Polydektes schwieg still darzu. Als er aber von den andern die Pferde einforderte, und vom Perseus keines be-

bekam, befahl er ihm, den Kopf der Gorgo zu bringen.
Hierauf reisete er unter Anführung des Merkur und der
Minerva zu den Töchtern des Phorkus, welche Ento,
Pemphredo und Dino hiessen. Diese waren Töchter
der Ceto und des Phorkus, Schwestern der Gorgonen,
und alte Weiber von ihrer Geburt an. Sie hatten alle
drey nur ein Aug und einen Zahn, die sie wechselsweise
brauchten. Perseus bemächtigte sich des Auges und
des Zahns, und da sie sie wieder haben wollten, versprach
er sie ihnen, wenn sie ihm den Weg zu den Nymphen
zeigen würden. Diese Nymphen hatten geflügelte Schuhe und die Kibisis, welches einige für eine Tasche
halten. Pindar, und Hesiodus im Schilde, sagen
so von dem Perseus: Seine ganzen Schultern be-
deckt das Haupt der schrecklich fürchterlichen Gorgo
in die Kibisis verhüllt. Sie hat ihren Namen daher,
weil man Kleider und Speise hineinlegt *). Perseus
hatte auch den Helm des Orkus.

Perseus gab den Phorciden, die ihm den Weg
gezeigt hatten, den Zahn und das Aug wieder, und kam
zu den Nymphen, von denen er erhielt, was er verlangte.
Er hieng die Kibisis um, befestigte die Schuhe an den
Knöcheln, und setzte den Helm auf sein Haupt, der die
Würkung hatte, daß er sehen konnte, wen er wollte, ihn
hingegen konnte niemand sehen. Nachdem er auch von
dem Merkur eine diamantene Sichel erhalten hatte, so
kam er fliegend an den Ocean, und traf die Gorgonen
schlafend an. Sie hiessen Stheno, Euryale, Medusa. Die einzige Medusa war sterblich, um deren
Kopf willen Perseus war abgeschickt worden. Die Gor-

gonen

---

*) παρὰ τὸ κεῖσθαι. Sehr sinnreich!

gonen hatten Köpfe mit schuppigten Schlangenschweifen
umwunden, grosse Zähne, wie Schweine, eherne Hände
und goldene Flügel, mit denen sie flogen.   Wer sie an=
sahe, wurde versteinert.   Perseus griff sie schlafend an;
Minerva führte ihm die Hand, indem er rückwärts in
den ehernen Schild sahe, worinn das Bild der Gorgo
erschien, und hieb ihr den Kopf ab.   Kaum war dies
geschehen, so sprang aus der Gorgo das geflügelte Pferd
Pegasus hervor und Chrysaor, der Vater des Ge=
ryon.   Neptun hatte sie gezeugt.

Perseus steckte den Kopf der Medusa in die Ki=
bisis, und gieng wieder fort.   Die Gorgonen erwach=
ten, und verfolgten den Perseus, allein sie konnten ihn
des Helms wegen nicht sehen;   denn dieser machte ihn
unsichtbar.

Er kam hierauf nach Aethiopien, wo Cepheus König
war, dessen Tochter Andromeda einem Wallfische zum
Raub ausgesetzet war.   Denn Kassiopea, die Gemah=
lin des Cepheus ließ sich mit den Nereiden wegen des
Vorzugs der Schönheit in einen Wettstreit ein, indem sie
sich rühmte, sie überträfe sie alle.   Dies brachte die
Nereiden und zugleich den Neptun gegen sie auf, der
einen Sturm und einen Wallfisch über die Gegend
schickte.

Das Orakel des Ammons sagte, das Unglück würde
aufhören, wenn Andromeda, die Tochter der Kassio=
pea, dem Wallfisch zu verschlingen gegeben würde.
Cepheus, von den Aethiopiern gezwungen, that dies,
und band die Tochter an einen Felsen.   Perseus sahe
sie, verliebte sich in sie, und versprach dem Cepheus,
den Wallfisch zu tödten, wenn er ihm die Gerettete zur
Gemahlin geben würde.

                                        Nach

Nach einer eidlichen Versicherung griff er den Wallfisch an, tödtete ihn, und befreyete die Andromeda.
Als ihn hernach Phineus, der Bruder des Cepheus,
hinterlistig nachstellte, weil er vorher schon mit der Andromeda versprochen gewesen, und Perseus seine Nach=
stellungen erfuhr, zeigte er ihm und seinen Gehülfen die
Gorgo, wovon sie augenblicklich versteinert wurden.

Als Perseus wieder zu Seriphus ankam, und seine
Mutter nebst dem Diktys, von der Gewaltthätigkeit
des Polydektes verfolgt, vor den Altären antraf,
gieng er zum König, ließ die Freunde des Polydektes
zusammen kommen, und zeigte ihnen abwärts gekehrt das
Haupt der Gorgo. Kaum hatten sie es gesehen, so
wurde ein ieder in der Stellung, worinn er sich eben be=
fand, in Stein verwandelt.

Er machte hierauf den Diktys zum König von
Seriphus, und schenkte die Schuhe, die Kibisis und
den Helm dem Merkur, und dem Kopf der Gorgo
der Minerva. Merkur stellte das Seinige den Nym=
phen wieder zu: Minerva aber setzte den Medusenkopf
in ihren Schild. Einige erzählen, Minerva habe selbst
der Medusa den Kopf abgehauen, weil sich die Gorgo
in Ansehung der Schönheit einen Vorzug vor ihr an=
gemaßt hätte.

Perseus eilte nach diesen nebst der Danae und
Andromeda nach Argos, um den Akrisius zu besu-
chen. Allein dieser fürchtete sich wegen des Orakels,
verließ Argos und begab sich in das Land der Pelasger.
Als hierauf Teutamides, König der Larisser, seinem
verstorbenen Vater zu Ehren Wettspiele anstellte, kam
auch Perseus dahin, und wollte an den Spielen Theil
nehmen.

Indem

Indem er nun im Kampfe begriffen war, warf er
die Wurfscheibe auf den Fuß des Akrisius, wovon er
auf der Stelle starb. Perseus merkte, daß das Orakel
erfüllt wäre, und begrub den Akrisius ausser der Stadt.
Weil er sich aber schämte, nach Argos zurück zu kehren,
und die Erbschaft anzutreten, die ihm von demjenigen,
der durch ihn umgekommen war, zufiel, gieng er nach
Tirynth zum Megapentes, dem Sohne des Prötus,
und tauschte mit ihm, so, daß Megapentes zu Argos
und Perseus zu Tirynth König wurde, welcher letztere
Midea und Mycenä befestigte.

Perseus zeugte mit der Andromeda, ehe er nach
Griechenland kam, den Perses, den er beym Cepheus
ließ. Von diesem sollen die Persischen Könige abstam=
men. Zu Mycenä zeugte er den Alcäus, Sthenelus,
Eläs, Mestor und Elektryon, nebst der Gorgopho=
ne, die ihm Periere gebahr. Alcäus zeugte mit der
Hipponome, einer Tochter des Menöceus, den Am=
phitryon, und eine Tochter Anaxo. Mestor und
Lysidice zeugten den Pelops und die Hippothoe, die
Neptun raubte, und mit ihr auf den Echinadischen In=
seln den Taphius erzeugte, der Taphus erbauete, und
die Nation Teleboer nennte, weil er weit von seinem
Vaterlande sich entfernt hatte *).

Taphius zeugte den Pterelaus, den Neptun un=
sterblich machte, indem er ihm goldenes Haar auf dem
Kopfe wachsen ließ. Pterelaus hatte eine Tochter,
Komätho, und folgende Söhne: Chromius, Tyran=
nus, Antiochus, Chersidamas, Mestor, Everes.

Elek=

*) ὅτι τηλᾶ τῆς πατρίδος ἴβη.

Elektryon heurathete Anaxo, die Tochter des Alcäus, und zeugte mit ihr eine Tochter, Alkmene, und folgende Söhne: Stratobates, Gorgophonus, Philonomus, Celäneus, Amphimachus, Lysinamus, Chiromachus, Anaktor, Archelaus, und ausser diesen mit der Midea, einer Phrygierin, einen unehelichen Sohn, den Licymnius.

Sthenelus und Nicippe, eine Tochter des Pelops, zeugten die Alcinoe und Medusa. Nach diesen wurde ihnen Eurystheus gebohren, der das Königreich Mycenä bekam. Denn zu der Zeit, da Herkules sollte gebohren werden, sagte Jupiter in der Versammlung der Götter, ein Nachkomme des Perseus würde damahls König zu Mycenä werden. Allein Juno beredete aus Neid die Jlithyia, die Niederkunft der Alkmene zu verhindern, und die Geburt des Eurystheus, des Sohns des Sthenelus zu befördern, der erst sieben Monate alt war.

Als Elektryon nach dem Taphius König zu Mycenä war, kamen die Kinder des Pterelaus, und verlangten von ihrem mütterlichen Großvater das Königreich; weil es ihnen aber Elektryon abschlug, trieben sie seine Ochsen weg.

Die Söhne des Elektryons wollten hierauf diese Gewaltthätigkeit rächen; es kamen aber beyde Partheyen dabey um. Von den Söhnen des Elektryons blieb Licymnius übrig, weil er noch ein Kind war, und von den Söhnen des Pterelaus, Everes, der bey den Schiffen geblieben war. Die fliehenden Taphier nahmen auf ihrer Flucht die weggetriebenen Ochsen mit zu Schiffe, und gaben sie dem Eleischen König Polyxenus in Verwahrung.

rung. Amphitryon aber löſete ſie vom Polyxenus
aus, und trieb ſie nach Mycenä.

Elektryon wollte hierauf den Tod ſeiner Söhne
rächen, und übergab dem Amphitryon das Königreich
nebſt ſeiner Tochter Alkmene. Zuvor aber nahm er einen Eid von ihm, daß er das Mägdchen nicht eher heurathen ſollte, bis er von ſeinem Feldzuge gegen die Teleboer zurückgekommen ſeyn würde. Als er die Ochſen
wieder bekam, und einer davon entfliehen wollte, ſo warf
ihn Amphitryon mit der Keule, die er eben in der Hand
hatte: allein die Keule ſprang von den Hörnern ab, und
fuhr dem Elektryon am Kopf, daß er ſtarb.

Sthenelus ergriff daher Gelegenheit, den Amphitryon aus ganz Argos zu vertreiben, und die Herrſchaft
über Mycenä und Tirynth für ſich zu behalten. Die
Midea aber gab er den zu ſich berufenen Söhnen des
Pelops, den Atreus und Thyeſtes, zur Verſorgung.

Amphitryon reiſete mit der Alkmene und dem
Licymnius nach Theben, wo er vom Kreon, der dem
Licymnius ſeine Schweſter Perimede gab, gereiniget
wurde. Alkmene verſprach, denjenigen zu heurathen,
der den Tod ihrer Brüder rächen würde. Amphitryon
verſprach hierauf, die Teleboer zu bekriegen, und bat den
Kreon um Hülfe, der aber nicht eher wollte, bis Amphitryon Kadmien von einem Fuchſe befreyet haben
würde. Denn ein wilder Fuchs verheerte Kadmien, den
niemand umbringen konnte, weil ihn das Schickſal von
keinem Sterblichen wollte fangen laſſen.

So lange dieſes Thier die Gegend verwüſtete, ſetzten
ihm die Thebaner monatlich einen Knaben aus der Stadt
vor,

vor, indem er sonst, wenn dies nicht geschehen wäre,
mehrere würde gefressen haben. Amphitryon reisete
deswegen nach Athen zum Cephalus, dem Sohne des
Deionius, und versprach ihm einen Theil der Teleboi:
schen Beute, wenn er ihm zur Jagd des Thiers einen
Hund überlassen wollte, den Prokris, als ein Geschenk
des Minos, aus Kreta mitgebracht hatte. Diesem
Hunde war vom Schicksale verstattet, alles zu fangen,
was er verfolgen würde. Als nun der Hund dem Fuchs
nachsetzte, verwandelte Jupiter beyde in Steine. Am:
phitryon hatte den Cephalus von Thorikus in Attika,
den Panopeus aus Phocis, den Eleus, Sohn des
Perseus, aus Elis in Argos, und den Kreon aus The:
ben, zu Gehülfen, mit denen er die Inseln der Taphier
verwüstete. So lang aber Pterelaus lebte, konnte er
Taphus nicht einnehmen. Allein, nachdem sich Komö:
tho, die Tochter des Pterelaus, in den Amphitryon
verliebt, und das goldene Haupthaar ihres Vaters ab:
geschnitten hatte, starb Pterelaus, und Amphitryon
war alsdann im Stande, alle Inseln sich unterwürfig
zu machen. Er tödtete die Komötho, schiffte mit der
Beute nach Theben, und gab die Inseln dem Eleus
und Cephalus, die sich daselbst niederliessen, Städte
baueten, und sie nach ihren Namen nennten.

Indem Amphitryon auf der Rückreise nach The:
ben begriffen war, kam Jupiter dahin, verwandelte eine
Nacht in drey Nächte, schlief unter der Gestalt des
Amphitryon bey der Alkmene, und erzählte ihr, was
mit den Teleboern vorgefallen war. Als Amphitryon
bey seiner Zurückkunft sahe, daß seine Gemahlin keine
Freude darüber bezeigte, fragte er sie um die Ursache.

Sie

Sie sagte ihm, er habe ja die vorige Nacht bey ihr geschlafen. Er erfuhr hernach vom Tiresias, was mit dem Jupiter vorgefallen war.

Alkmene gebahr nach diesem zwey Söhne, dem Jupiter den Herkules, der eine Nacht älter war, und dem Amphitryon den Iphikles. Herkules war kaum acht Monate alt, so schickte Juno zwey ungeheure Drachen an das Bett, die das Kind umbringen sollten. Indem nun Alkmene den Amphitryon zu Hülfe rufen wollte, stand Herkules auf, und erwürgte sie beyde mit seinen Händen. Pherecydes erzählt, Amphitryon habe erfahren wollen, welcher von beyden Knaben ihm zugehöre, und selbst die Drachen ins Bett gelegt; da dann Iphikles geflohen, Herkules hingegen unerschrocken geblieben wäre. Hieraus habe er gemerkt, daß Iphikles sein Kind seyn müßte.

Herkules lernte vom Amphitryon das Wagenrennen, vom Autolykus das Ringen, vom Eurytus das Bogenschiessen, vom Kastor den Gebrauch der Waffen, und vom Linus das Leyerspielen.

Linus, ein Bruder des Orpheus, kam nach Theben, erlangte daselbst das Bürgerrecht, und wurde vom Herkules mit der Leyer geschlagen, daß er starb. Denn Linus hatte ihn gescholten, worüber Herkules zornig wurde, und ihn tödtete. Als ihn einige dieses Mords wegen verklagten, sagte er das Gesetz des Rhadamanthus her: Wer sich demjenigen widersetzt, der ihn zuerst beleidiget, soll unschuldig seyn. Auf diese Art wurde er losgesprochen. Weil aber Amphitryon befürchtete, er möchte wieder dergleichen Handlungen begehen; so schickte er ihn auf die Viehweiden. Daselbst

E   wurde

wurde er erzogen, und übertraf bald iedermann an Grösse und Stärke. Sein Ansehn war auch, da er ein Sohn des Jupiters gewesen, furchtbar. Denn sein Körper war vier Cubitus hoch, und aus seinen Augen blitzte ein feuriger Glanz. Er verfehlte weder mit dem Pfeile, noch mit dem Wurfspieß.

Als er bey den Heerden achtzehn Jahre alt worden war, tödtete er den Cithäroneischen Löwen, der von dem Cithäron herab eilte, und die Heerden des Amphitryons und Thestius zu Grunde richtete.

Herkules gieng zu dem Thestius, dem König der Thespier, als er den Löwen umbringen wollte. Dieser behielt ihn funfzig Tage lang bey sich, und gab ihm, wenn er auf die Jagd gieng, iede Nacht eine von seinen Töchtern mit zu Bette, deren er mit der Megamede, der Tochter des Arnäus, funfzig gezeugt hatte. Denn er wünschte, daß sie alle vom Herkules schwanger werden möchten. Herkules glaubte, er schlief immer bey einer, hatte sie aber alle bey sich gehabt. Als er den Löwen getödtet hatte, zog er sein Fell an, und bediente sich des Obertheils des Kopfs an statt des Helms.

Als er von der Jagd zurückkam, begegneten ihm die vom Erginus abgeschickten Herolde, die den Tribut von den Thebanern einfordern sollten. Die Thebaner waren nämlich dem Erginus folgender Ursache wegen zinsbar:

Perieres, der Fuhrmann des Menöceus, hatte den Klymenus, König der Minner, in Onchestum, einem Haine des Neptuns, mit einem Steinwurf verwundet. Er wurde hierauf halbtod nach Orchomenus gebracht, wo er seinen Sohn Erginus sterbend bat,

sei-

feinen Tod zu rächen. Erginus überzog deswegen Theben mit Krieg, tödtete viele, und machte Frieden, unter
der eiblichen Versicherung, daß ihm die Thebaner zwanzig Jahre lang hundert Ochsen als einen Tribut jährlich
schicken sollten. Die wegen dieses Tributs nach Theben
gehenden Herolde traf Herkules auf dem Weg an,
und beschimpfte sie, indem er ihnen die Ohren und die
Nasen abschnitte, ihnen mit Stricken die Hände an den
Hals band, und sagte: Gehet, bringt diesen Tribut dem
Erginus und den Minyern. Hierüber gerieth Erginus in Zorn und bekriegte Theben. Herkules bekam
aber Waffen von der Minerva, führte die Armee an,
tödtete den Erginus, jagte die Minyer in die Flucht,
und zwang sie, den Thebanern einen doppelten Tribut
zu geben. Hierbey geschah es, daß Amphitryon um-
kam, nachdem er tapfer gefochten hatte.

Herkules hatte vom Kreon als eine Belohnung
seine älteste Tochter Megara erhalten, mit der er drey
Söhne zeugte, den Therimachus, Kreontiades und
Deikoon. Die jüngere Tochter gab Kreon dem Iphi-
klus, der schon mit der Automedusa, der Tochter des
Alkathous, den Jolaus gezeugt hatte.

Rhadamanthus, Sohn des Jupiters, heurathete
nach dem Tode des Amphitryons Alkmenen, und ließ
sich auf seiner Flucht zu Okalia in Böotien nieder. Herkules hatte vom Eurytus das Bogenschießen gelernt,
und bekam vom Merkur ein Schwerd, vom Apollo
Pfeile, vom Vulkan einen goldenen Panzer, von der
Minerva einen Schild, und eine Keule schnitt er sich
selbst in dem Nemäischen Walde.

Nach der Schlacht mit den Minnern brachte ihn der Haß der Juno in Raserey, in der er seine eigenen mit der Megara erzeugten Kinder und die beyden Kinder des Iphiklus ins Feuer warf. Er strafte sich deswegen selbst mit der Landesverweisung, und wurde vom Thestius gereiniget. Als er nach Delphi kam, fragte er das Orakel, wo er sich inskünftige aufhalten würde? Damahls gab ihm Pythia zuerst den Namen Herkules; denn vorher hieß er Alcidas. Das Orakel sagte ihm, er würde zu Tirynth seinen Aufenthalt finden, dem Eurystheus zwölf Jahre lang dienen, und die zwölf von ihm auferlegten Arbeiten vollenden: Er würde alsdann, setzte das Orakel hinzu, unsterblich werden.

Cap. 5.

Sobald dies Herkules gehört hatte, reiset er nach Tirynth, und vollbringt die Befehle des Eurystheus. Zuerst soll er ihm das Fell des Nemäischen Löwen bringen. Dies war ein Thier, das niemand verwunden konnte, vom Typhon erzeugt. Herkules geht fort, und kommt vorher nach Kleonä zum Molorch, einem Arbeitsmann. Dieser ist im Begriff zu opfern: allein Herkules bittet ihn, noch dreyßig Tage lang damit zu warten, mit dem Zusatze, wenn er unbeschädigt von der Jagd zurück kommen würde, so sollte er Jupiter dem Erretter opfern; stürb er aber, so sollte er ihm, als Helden, ein Todtenopfer bereiten.

Nunmehr kommt Herkules in den Nemäischen Wald, spüret den Löwen auf, und schiesset ihn zuerst mit einem Pfeile. Bald merkt er, daß man ihm keine Wunde bey=

beybringen könne; geschwind ergreift er die Keule, und
verfolget ihn.   Der Löwe flieht in eine doppelte Höhle.
Herkules versperret den einen Eingang; durch den andern
geht er hinein zum Ungeheuer, wirft den Arm um seinen
Hals, und drückt es so lange, bis es erstickt.   Dann
legt er es auf seine Schultern, und trägt es nach My=
cenä.   Am letzten Tage kommt er zum **Molorch**, der
schon im Begriff war, ihm, als einen Verstorbenen, ein
Todtenopfer zuzubereiten; nun aber opferte er **Jupiter**
dem **Erretter**, und **Herkules** brachte den Löwen nach
Mycenä.

Eurystheus erkennet seine Stärke, und verwehret
ihm den Eintritt in die Stadt.   Kaum darf er noch vor
den Thoren seine Beute zeigen.   Einige sagen gar,
Eurystheus habe sich aus Furcht unter die Erde in
ein ehernes Faß verkrochen, und den Herold **Kopreus**,
einen Sohn des **Pelops** von **Elis**, abgeschickt, um dem
Herkules neue Arbeiten aufzulegen.   Dieser **Kopreus**
hatte den **Iphitus** erschlagen, war nach Mycenä geflo=
hen, und wohnte daselbst, nachdem er vom **Eurystheus**
war gereiniget worden.

Die zweyte Arbeit bestand in Erlegung der Lernäi=
schen Hyder, die sich in dem Sumpfe bey Lerna aufhielt,
aufs Feld herausgieng, die Heerden und die Gegend
verwüstete.   Die Hyder hatte einen ungeheuern Körper
und neun Köpfe, wovon acht sterblich, und der mittelste
unsterblich war.   **Herkules** bestieg einen Wagen, und
ließ sich vom **Jolaus** nach Lerna fahren.   Hier hielt er
stille, fand die Hyder auf einem Hügel bey den Quellen
der **Amymone**, wo ihre Grube war.   Dann schoß er
feurige Pfeile auf sie, und zwang sie, hervor zu gehen.

E 3   Kaum

Kaum war dies geschehen, so ergriff er sie, und hielt sie feste; sie aber schlang sich um eines seiner Beine. Er schlug zwar mit seiner Keule auf die Köpfe: allein er konnte nichts ausrichten. Denn so oft er einen Kopf abgeschlagen hatte, so wuchsen zwey neue. Die Hyder wurde auch von einem ungeheuern Krebs unterstützt, der ihn an dem Fuß nagte. Diesen schlug er todt, und rufte den Jolaus zu Hülfe. Jolaus zündete einen Theil des benachbarten Waldes an, und versengte mit Bränden die neu hervorwachsenden Köpfe, so, daß keine mehr hervorkamen. Nachdem sich also Herkules der übrigen Köpfe bemächtiget hatte, hieb er auch den unsterblichen ab, verscharrte ihn, und legte einen schweren Stein darauf, bey dem Wege, der von Lerna nach Elis gehet. Den Körper der Hyder zerhieb er, und tauchte seine Pfeile in das Gift.

Eurystheus aber wollte diese Arbeit nicht unter die zwölf zu verrichtenden gezählt wissen; weil Herkules nicht allein, sondern mit Hülfe des Jolaus sich der Hyder bemächtiget hätte.

Er befahl ihm hierauf die dritte Arbeit. Er sollte nämlich den Cerynitischen Hirsch zu Mycenä lebendig bringen. Dieser Hirsch hielt sich bey Oenoe auf, hatte ein goldenes Geweyh, und war der Diana heilig. Weil ihn nun Herkules weder tödten noch verwunden wollte, so verfolgte er ihn ein ganzes Jahr lang. Als das Thier von der Flucht müde war, floh es auf dem sogenannten Dianenberg, und von da zu dem Flusse Ladon. Ueber diesen wollte es setzen: allein Herkules schoß und fieng es. Er legte es alsbann auf seine Schultern und gieng damit durch Arkadien. Allein, Diana, die ihm nebst

dem

dem Apollo begegnete, nahm es ihm wieder ab, und
schalt ihn, daß er ein ihr heiliges Thier habe umbringen
wollen. Herkules schützte die Nothwendigkeit vor, und
schob die Schuld auf den Eurystheus. So besänftigte
er den Zorn der Göttin, und brachte dies wilde Thier
nach Mycenä.

Durch die vierte Arbeit sollte er das Erymanthische
Schwein lebendig schaffen. Dieses wilde Thier kam von
dem Berg Erymanthus herunter, und machte die Land=
schaft Phocis unsicher. Herkules gieng deswegen nach
Pholoe, wo er von dem Centaur Pholus, einem Sohne
des Silens und der Nymphe Melia, aufgenommen
wurde. Dieser setzte dem Herkules gebratenes Fleisch
vor; er selbst aß rohes. Als ihn Herkules um Wein
bat, sagte er, er getraue sich nicht, das den Centauren
gemeinschaftliche Faß zu öffnen. Herkules aber hieß
ihn beherzt seyn, und öffnete das Faß. Bald dar=
auf waren die andern Centauren, die den Geruch
gemerkt hatten, mit Steinen und Pfählen bewaffnet,
bey der Höhle des Pholus. Die ersten, die sich hinein
zu gehen getraueten, waren Anchius und Agrius: allein
Herkules trieb sie mit Bränden zurück. Die übrigen
verfolgte er bis Malea mit Pfeilen. Von da flohen sie
zum Chiron, der durch die Lapithen vom Berge Pelius
verjagt, bey Malea wohnte.

Hier schoß Herkules die ihn umringenden Centau=
ren mit Pfeilen, wovon einer durch den Arm des Elatus
in das Knie des Chiron fuhr. Herkules lief für Be=
trübniß hinzu, zog den Pfeil aus, und legte die vom
Chiron gegebene Arzney auf die Wunde. Allein die
Wunde war unheilbar, und Chiron ließ sich in die Höhle

E 4 brin=

bringen.' Hier wollte er sterben; er konnte aber nicht,
weil er unsterblich war. Jupiter schenkte deswegen
die ihm verliehene Unsterblichkeit dem **Prometheus**, und
so starb er. Die übrigen Centauren aber zerstreueten
sich. Einige begaben sich auf den Berg Malea; Eurytion nach Olenus; Nessus an den Fluß Evenus; die
übrigen nahm Neptun auf, und verbarg sie auf dem
Berge Eleusis.

Herkules kam zurück nach Pholoe, und als er den
Pholus nebst vielen andern sterbend antraf, zog er den
Pfeil aus dem Leichnam, und wunderte sich, daß ein
so kleines Gewehr so viele umgebracht hatte. Der Pfeil
fiel ihm aber aus der Hand, und fuhr in den Fuß des
Pholus, wovon er augenblicklich starb. Nachdem ihn
Herkules begraben hatte, so kam er zu dem wilden
Schwein, das er durch sein Geschrey aus einem Gebüsche
auf und in den Schnee jagte, wo er es band, und nach
Mycenä brachte.

Eurystheus befahl ihm nunmehr, die **fünfte** Arbeit
zu thun. Er sollte nämlich in einem Tage den Mist aus
den Ställen des **Augeas** schaffen. Augeas war König
zu Elis, und, wie einige sagen, ein Sohn der **Sonne**,
nach andern, des **Neptuns**, und, nach noch andern,
des **Phorbas**. Dieser Augeas hatte viele Viehheerden.
Herkules kam zu ihm, und, ohne ihm etwas von dem
Auftrage des Eurystheus zu sagen, versprach er ihm, in
einem Tage den Mist wegzuschaffen, wenn er ihm den
zehnten Theil von den Heerden geben wollte. Dem Augeas kam dies unglaublich vor, und versprach es.

Herku-

Herkules nahm den Phyleus, den Sohn des Augeas, zum Zeugen, und räumte die Grundlage des Stalles weg; dann vereinigte er die nahe vorbey laufenden Flüsse, den Alpheus und Peneus, leitete sie dahin, und machte, daß sie in einem andern Bette. fliessen mußten.

Als aber Augeas erfuhr, daß er dies auf Befehl des Eurystheus thue, wollte er ihm den Lohn nicht geben. Ueberdies läugnete er, daß er ihm versprochen habe, Lohn zu geben; er setzte hinzu, er wäre bereit, sich deswegen einem Schiedsrichter zu unterwerfen. Es wurden also Richter bestellt, und Herkules forderte den Phyleus auf, wider seinen Vater zu zeugen, daß er versprochen hätte, ihm Lohn zu geben. Augeas wurde hierüber erzürnt, und befahl, ehe noch das Urtheil gefällt war, dem Phyleus und Herkules, Elis zu verlassen.

Phyleus begab sich hierauf nach Dulichium, und blieb daselbst. Herkules aber ließ sich zu Olenus bey dem Dexamenus nieder. Diesen wollte eben der Centauer Eurytion zwingen, ihm seine Tochter Mnesimache zu geben. Dexamenus bat deswegen den Herkules um Hülfe, der dann den Eurytion niedermachte, als er zu seiner Braut gehen wollte. Eurystheus aber wollte diese Arbeit nicht zu den zwölf zu verrichtenden rechnen, weil sie um Lohn geschehen wäre.

Die sechste Arbeit bestand in Verjagung der Stymphalischen Vögel. Es war nämlich zu Stymphalus, einer Stadt in Arkadien, der See Stymphalis, mit einem dicken Gehölze umgeben, wohin viele Wasservögel aus

E 5   Furcht

Furcht für den Wölfen flogen. Indem nun **Herkules** darauf dachte, wie er die Vögel aus dem Walde vertreiben könnte, bekam er von der **Minerva** eine vom Vulkan verfertigte eherne Klapper. Mit dieser machte er auf dem bey dem See liegenden Berge einen Lärmen, womit er die Vögel schreckte, so, daß sie das Geschwirre nicht ertragen konnten, sondern aus Furcht davon flogen; worauf sie dann **Herkules** erschoß.

Die siebende Arbeit verlangte, daß er den Kretischen Stier herbeyschaffen sollte. **Akusilaus** sagt, dies wäre der Stier gewesen, der dem **Jupiter** die **Europa** über das Meer bringen müssen. Andere hingegen halten ihn für den vom **Neptun** aus dem Meere geschickten Stier, als **Minos** versprochen gehabt, dasjenige zu opfern, was ihm zuerst aus dem Meere erscheinen würde. Die Schönheit des Stiers soll ihn aber so sehr in Verwunderung gesetzt haben, daß er ihn unter seine Heerden gethan, und dem **Neptun** einen andern opferte; **Neptun** sey hierüber in Zorn gerathen, und habe den Stier wild gemacht.

Herkules reisete deswegen nach Kreta, um ihn zu fangen. **Minos** versprach, ihm den Stier zu lassen, wenn er ihn überwältigen würde. Hierauf fieng er ihn, und brachte ihn zum **Eurystheus.** Uebrigens schenkte er dem Stiere die Freyheit, der hernach ganz Sparta und Arkadien durchirrte, und durch dem Isthmus nach Marathon in Attika kam, und die Einwohner beunruhigte.

Durch die **achte** Arbeit sollte er die Pferde des **Diomedes**, eines Thraziers, nach Mycenä bringen. Dieser

Dieſer **Diomedes** war ein Sohn des **Minos** und der
Cyrene, und König der Biſtonen, einer Thraziſchen
und ſehr ſtreitbaren Völkerſchaft. Seine Pferde wurden
mit Menſchenfleiſch gefüttert. **Herkules** ſchiffte nebſt
einigen Freywilligen hin, überwältigte die Hüter der
Pferdeſtälle, und trieb die Pferde ans Meer. Als aber
die Biſtonen gewaffnet herbey eilten, gab er die Pferde
dem **Abderus** in Verwahrung, der ein Sohn des
Erimus aus Opunt in Lokris, und der Liebling des
Herkules war. Dieſen brachten die Pferde um, und
fraſſen ihn.

In dem Gefechte mit den Biſtonen tödtete **Herku-**
les den **Diomedes**, und ſchlug die übrigen in die Flucht.
Er bauete hernach die Stadt **Abderus** bey dem Grabe
des umgekommenen **Abderus**, und gab dem **Euryſtheus**
die überbrachten Pferde. Dieſer ließ ſie loß, worauf ſie
auf den Berg Olympus liefen, und daſelbſt von den wilden Thieren umgebracht wurden.

Herkules bekam nunmehr die **neunte Arbeit.** Er
ſollte den Gürtel der **Hippolyte** bringen. Dieſe war
Königin der Amazonen, die an dem Fluſſe Thermodon
wohnten. Eine durch Kriege berühmte Nation! Sie
übten ſich in der Tapferkeit, und wenn ſie Kinder bekamen, ſo zogen ſie die Mägdchen auf. Sie ſchnitten ſich
die rechten Brüſte ab, damit ſie nicht am Schieſſen gehindert würden. Die rechten hingegen lieſſen ſie zur
Erhaltung ihrer Kinder wachſen.

Hippolyte beſaß den Gürtel des **Mars**, als ein
Kennzeichen des Vorzugs. Dieſen ſollte **Herkules** hohlen, weil ihn **Admete**, die Tochter des **Euryſtheus**, gerne
haben

haben wollte. Er nahm deswegen Freywillige zu sich,
und schiffte mit einem einzigen Schiffe dahin. Er landete an der Insel Paros, welche die Söhne des **Minos**,
Eurymedon, **Chryses**, **Nephalion**, und **Philolaus**
besaßen. Weil sichs nun zutrug, daß zwey seiner Gefährten auf dem Schiffe von den Söhnen des **Minos**
getödtet wurden; so wurde **Herkules** zornig, und schlug
sie auf der Stelle todt: die übrigen aber schloß er ein,
und belagerte sie, bis sie Gesandte schickten, und ihn baten, anstatt der Erschlagenen zwey von ihnen nach Belieben zu wählen. Er hob deswegen die Belagerung
auf, und suchte sich den **Alcäus** und **Sthenelus** aus,
Söhne des **Androgeus**, der ein Sohn des **Minos** war.

Er kam hierauf nach **Mysien**, zum **Lykus**, dem
Sohne des **Daskylus** und Könige der Marianbyner,
der mit den Bebrycern Krieg führte. **Herkules** half
dem **Lykus**, und brachte viele um, unter denen auch der
König **Mygdon**, der Bruder des **Amykus**, war *).
Er schleifte hernach die Stadt der **Bebrycer**, und gab
das ganze Land dem **Lykus**, der es **Heraklea** nennte.

Von hier aus schiffte **Herkules** nach den Hafen
Themiscyra, wohin **Hippolyte** kam, um ihn wegen sei-
ner Ankunft zu befragen. Sie versprach ihm auch, den
Gürtel zu geben. Allein **Juno** nahm die Gestalt einer
Amazone an, gieng unter die übrigen, und sagte: Die
angekommenen Fremblinge rauben die Königin. Des-
wegen kamen sie gleich gewaffnet und zu Pferde an das
Schiff.

Als

*) Man vergleiche die Anmerkungen des Gale.

Als sie Herkules bewehrt kommen sahe, so ver-
muthete er eine List, erschlug die Hippolyte, und
nahm ihr den Gürtel ab; und nachdem er auch mit den
übrigen gefochten, schiffte er sich ein, und kam nach
Troja.

Hier trug sichs eben zu, daß diese Stadt durch dem
Zorn des Apollo und Neptuns in gefährlichen Umstän-
den war. Denn Apollo und Neptun wollten die Un-
billigkeit des Laomedons prüfen, verwandelten sich deswegen in Menschen, und kamen mit ihm um einen gewissen Lohn überein, Pergamus zu befestigen. Als die
Mauern fertig waren, gab er ihnen den Lohn nicht.
Apollo schickte deswegen die Pest, und Neptun mit
einer Wasserfluth einen Wallfisch, der die Leute auf dem
Felde verschlang. Weil nun das Orakel sagte, das Unglück würde ein Ende nehmen, wenn Laomedon seine
Tochter Hesione dem Wallfisch zu fressen geben würde;
so entschloß er sich hierzu, und befestigte sie an die dem Meere
nah gelegene Felsen. Als sie nun Herkules in diesem
Zustande antraf, versprach er, sie zu retten, wenn ihm
Laomedon die Pferde geben würde, die ihm Jupiter
zur Vergütung des geraubten Ganymeds geschenkt
hatte. Laomedon verspricht es; Herkules erlegt den
Wallfisch, und rettet die Hesione. Weil ihm aber die
Belohnung versagt wurde, drohete er, Troja mit Krieg
zu überziehn, schiffte weg, und kam nach Aenus, wo er
vom Poltys aufgenommen wurde.

Er schiffte hernach weiter, und erschoß am Aenischen
Ufer den Sarpedon, einen Sohn des Neptuns und
Bruder des Poltys, einen nichtswürdigen Menschen.

Dann

Dann kam er nach Thasus, überwältigte die daselbst wohnenden Thrazier, und räumte den Kindern des Androgeus die Stadt ein. Von Thasus reisete er nach Torone, wo er den Polygonus und Telegonus, Söhne des Proteus und Enkel des Neptuns, die ihn zum Ringen aufgefordert hatten, beym Kampf umbrachte. Endlich brachte er den Gürtel nach Mycena, und gab ihn dem Eurystheus.

Es folgte die zehnte Arbeit. Er sollte die Ochsen des Geryon von Erythea schaffen. Erythea war eine nicht weit vom Ocean gelegene Insel, die ietzt Gadira heißt. Es besaß sie Geryon, der Sohn des Chrysaors und der Kallirrhoe, einer Tochter des Oceanus. Er hatte drey Leiber, die beym Bauche in einen zusammen giengen; von dem Unterleibe und Schenkeln an theilte er sich auch in drey Theile.

Es gehörten ihm purpurrothe Ochsen, die Eurytion hütete. Der Hund, der sie bewachte, hieß Orthrus, hatte zwey Köpfe, und war von der Echidna und vom Typhon erzeugt.

Da nun Herkules nach den Ochsen des Geryon durch Europa reisete, begegneten ihm viele Ungeheuer, bis er nach Libyen kam. Zu Tartessus errichtete er zum Andenken seiner Reise auf den in Europa und Libyen einander gegen über liegenden Bergen zwey Säulen.

Weil ihn auf dieser Reise die Sonne zu sehr brannte, schoß er einen Pfeil gegen den Gott ab. Dieser schenkte ihm aus Verwunderung über seine Kühnheit, einen goldenen Becher, in dem er über den Ocean fuhr, nach Erythea kam, und auf dem Berge Arbas übernachtete.

Kaum

Kaum hatte dies der Hund gemerkt, so fiel er ihn an. Herkules aber erschlug ihn mit der Keule; er tödtete auch den Hirten Eurytion, der dem Hund zu Hülfe kam.

Unterdessen erzählte Menötius, der in jener Gegend die Ochsen des Pluto hütete, dem Geryon, was vorgefallen war. Dieser hohlte den Herkules bey dem Fluß Anthemus mit den Ochsen ein, wurde geschossen, und starb. Herkules setzte die Ochsen in den Becher, und schiffte nach Tartessus, wo er der Sonne dem Becher wieder gab.

Er gieng hernach durch Abdera nach Libyen, wo ihm Alebion und Dercynus, Söhne des Neptuns, die Ochsen abnahmen. Er schlug sie aber todt, und gieng durch Tyrrhenien. Ohnweit Rhegium riß sich einer von den Stieren loß, und stürzte sich plötzlich ins Meer, schwomm nach Sicilien und durchwanderte die benachbarte Gegend, die von ihm Italien genennt wurde. Denn bey den Tyrrheniern hieß ein Ochse Italus.

Von da kam er auf die Gefilde des Eryx, des Königs der Eryciner. Eryx war ein Sohn des Neptuns, und mischte den Stier unter seine Heerden. Herkules übergab also die Ochsen dem Vulkan, und reisete weg, um jenen aufzusuchen. Als er ihn unter den Heerden des Eryx fand, forderte er ihn. Weil er ihn aber nicht hergeben wollte, wenn er ihn im Ringen nicht überwinden würde, so besiegte er ihn im Ringen dreymahl, und tödtete ihn. Dann nahm er den Stier, und trieb ihn nebst den andern zum Jonischen Meere. Kaum war er in einem Meerbusen angelangt, so schickte Juno eine Roßfliege über die Ochsen, wodurch sie auf

den

den Thrazischen Gebürgen zerstreuet wurden. Er ver=
folgte sie aber, fieng einige wieder, und brachte sie an
den Hellespont. Die übrigen blieben in der Wildniß.
Als er nun die Ochsen mit grosser Mühe zusammenge=
bracht, verfluchte er den Fluß Strymon, der vor Zeiten
schiffbar gewesen, füllte ihn mit Steinen, und machte ihn
unschiffbar. Endlich brachte er die Ochsen dem Eury=
stheus, der sie der Juno opferte.

Herkules hatte nunmehr in acht Jahren und einem
Monate zehn Arbeiten vollendet. Weil aber Eurystheus
die Arbeit mit den Heerden des Augeas und mit der
Hyder nicht rechnen wollte; so legte er ihm die eilfte
auf. Er sollte nämlich die goldenen Aepfel der Hespe=
riden hohlen. Diese waren nicht, wie einige sagen, in
Libyen, sondern auf dem Atlas bey den Hyperboräern.
Juno hatte sie bey ihrer Vermählung dem Jupiter
geschenkt. Es bewachte sie ein unsterblicher Drache mit
hundert Köpfen, vom Typhon und der Echidna er=
zeugt. Er hatte vielerley Stimmen, und zugleich hüteten
sie die Hesperiden, Aegle, Erythia, Hestia und
Arethusa.

Herkules reisete demnach ab, und kam an den Fluß
Echedorus. Hier forderte ihn Cyknus, ein Sohn des
Mars und der Pyrene, zu einem Zweykampf heraus.
Mars beschützte ihn, und er fieng an, mit dem Herkules
zu kämpfen. Allein ein Blitz fuhr mitten unter beyde,
und trennte sie.

Hierauf gieng Herkules durch Illyrien, eilte an
den Fluß Eridanus, und kam zu den Nymphen, den
Töchtern des Jupiters und der Themis. Diese ver=
riethen

riethen ihm den Nereus, den er schlafend antrift, ihn
bindet, ob er gleich vielerley Gestalten annimmt, und ihn
nicht eher loß läßt, bis er von ihm erfahren hatte, wo die
Aepfel und die Hesperiden wären.

Auf erhaltene Nachricht gieng er nach Libyen, wo
damahls Antäus, ein Sohn des Neptuns, König war,
der die Fremden zum Ringen nöthigte, und sie umbrachte.
Als nun Herkules auch gezwungen wurde, mit ihm zu
ringen; so hob er ihn in die Höhe, und erdrückte ihn.
Denn wenn er die Erde berührte, so war er der aller=
stärkste. Daher sollen ihn auch einige den Erdensohn
genennt haben.

Aus Libyen kam Herkules nach Aegypten, wo da=
mahls Busiris, ein Sohn des Neptuns, und der Li=
sianasse, der Tochter des Epaphus, König war. Dieser
opferte vermöge eines Orakels die Fremden auf dem Altare
des Jupiters. Denn als Aegypten neun Jahr lang
unfruchtbar gewesen, so kam der Wahrsager Thrasius
aus Cypern, und sagte, die Unfruchtbarkeit würde auf=
hören, wenn dem Jupiter jährlich ein Fremder geopfert
werden würde. Busiris schlachtete alsdann den Wahr=
sager selbst zuerst, und hernach Fremde, die dahin kamen.
Herkules wurde bey seiner Ankunft auch ergriffen und
vor den Altar gebracht. Allein er zerriß die Bande,
und schlug den Busiris, seinen Sohn Amphidamas
und den Herold Chalbes todt.

Er durchwanderte hernach Asien, und kam nach
Thermydrä, dem Hafen der Lindier, wo er einem Ochsen=
hirten einen von seinen Stieren vom Wagen spannete,
schlachtete und verzehrte. Weil sich nun der Ochsenhirte

nicht

nicht helfen konnte, so gieng er auf einen Berg, und verwünschte ihn. Daher bedienet man sich noch ietzt bey
den Opfern des Herkules der Verwünschungen.

Von da kam Herkules nach Arabien, und tödtete
den Emathion, den Sohn des Tithonus. Dann
reisete er durch Libyen, und schiffte an das äusserste Meer,
wo er den Becher nahm, an das gegen über liegende
Land schiffte, und den von der Echidna und vom Typhon erzeugten Adler, der dem Prometheus die Leber
fraß, erschoß. Er band hierauf den Prometheus
los, und führte ihn zum Jupiter, der ihm anstatt des
Chiron, der eben sterben wollte, die Unsterblichkeit
verliehe.

Herkules kam endlich in das Land der Hyperboräer
zum Atlas, wo Prometheus dem Herkules den
Rath gab, nicht selbst nach den Aepfeln zu reisen; sondern den Himmel des Atlas zu halten, und diesen hin-
zuschicken. Er folgte ihm, und nahm den Himmel auf
sich. Atlas brach drey Aepfel bey den Hesperiden,
und kam wieder zum Herkules. Weil er aber den
Himmel nicht länger zu halten Lust hatte; so sprach er,
er wolle erst seine Haare über den Kopf flechten, damit
er die Last desto bequemer tragen könnte *). Als Atlas
dies hörte, legte er die Aepfel auf die Erde, und nahm
den Himmel auf sich. Hierauf nahm Herkules die
Aepfel, und gieng fort. Einige sagen, nicht Atlas
hätte die Aepfel geholt, sondern Herkules habe sie
selbst gepflückt, und die sie bewachende Schlange umgebracht.

Als

*) S. die Anmerkungen des Gale.

Als er den Eurystheus die Aepfel brachte, so nahm sie dieser, und schenkte sie dem Herkules wieder. Von diesem bekam sie Minerva, die sie wieder an ihre vorige Stelle brachte. Denn es wurde für ein Verbrechen gehalten, sie an einem andern Orte zu verwahren.

Die zwölfte Arbeit bestand darinn, daß Herkules den Cerberus aus der Hölle hohlen sollte, der drey Hundsköpfe, einen Drachenschwanz, und auf dem Rücken allerhand Schlangenköpfe hatte. Ehe er dahin gieng, ließ er sich vom Eumolpus zu den Eleusinischen Geheimnissen einweihen. Damahls war es noch nicht erlaubt, Fremde einzuweihen. Denn Thespius wurde erst vom Pylius an Kindesstatt angenommen, ehe er eingeweihet wurde. Herkules durfte die Geheimnisse nicht sehen, weil er noch nicht vom Morde des Centauren gereiniget war. Eumolpus reinigte ihn also, und weihete ihn ein.

Er kam hierauf nach Tänarus in Lakonien, wo die Oeffnung zur Höllenfahrt ist, durch die er hineingieng. Als ihn hier die Seelen sahen, so flohen sie, ausgenommen die Seele des Meleagers und der Gorgo Medusa. Gegen die Gorgo zog er das Schwerdt, als wenn sie noch lebte; Merkur aber sagte ihm, es wäre ein leeres Bild.

Als er nahe an die Pforten der Hölle kam, traf er den Theseus und den Pirithous an, der die Proserpina hatte heurathen wollen, und deswegen gebunden wurde. Beym Anblick des Herkules streckten sie die Hände aus, und wollten durch seine Stärke wieder in das vorige Leben zurückgebracht seyn. Er ergriff hierauf

den

den Theseus bey der Hand, und richtete ihn auf. Pirithous wollte auch aufstehen: allein ein Erdbeben hielt ihn zurück, und rollte den Stein des Askalaphus auf ihn. Herkules wollte den Seelen gerne Blut zu trinken geben, und schlachtete deswegen eine von den Kühen des Pluto. Menötius, der Sohn des Keuthonymus, der diese Kühe hütete, forderte den Herkules zum Ringen auf. Dieser faßte ihn in der Mitte, und zerbrach ihm die Seiten; er wurde jedoch noch von der Proserpina erhalten.

Als nun Herkules den Pluto um den Cerberus bat, erlaubte ihm Pluto, ihn wegzuführen, wenn er ihn ohne die Waffen, die er bey sich hatte, zwingen würde. Er traf ihn hierauf an den Pforten des Acherons an, zog einen Panzer an, bedeckte sich mit dem Löwenfelle, ergriff ihn mit den Händen beym Kopfe, und ließ ihn nicht los; und ob er gleich von dem am Schwanze befindlichen Drachen gebissen wurde, so hielt er doch das Thier beym Halse, und drückte es, daß es gehorchen mußte. Er gieng mit ihm durch Trözene, und kam zum Eurystheus. Ceres aber verwandelte den Askalaphus in eine Nachteule; und Herkules brachte den Cerberus wieder in die Hölle, nachdem er ihn dem Eurystheus gezeigt hatte.

Cap. 6.

Nach diesen Arbeiten kam Herkules nach Theben, und gab die Megara dem Jolaus zur Gemahlin. Er selbst wollte auch heurathen, und weil er hörte, daß Eurytus, Herr zu Oechalia, seine Tochter Jole zum Preiß für denjenigen ausgesetzt hätte, der ihn und seine Söhne im Bogenschiessen übertreffen würde; so reisete er

nach

nach Oechalia, und ob er gleich der beste Bogenschütze
war, so zerschlug sich doch die Heurath. Iphitus, der
älteste Sohn, willigte zwar darein, Jolen dem Herkules zu geben: Eurytus aber und die übrigen schlugen es ab, weil sie befürchteten, er möchte die mit ihr erzeugten Kinder gleichfalls umbringen.

Nicht lange hernach stahl Autolykus Ochsen aus
Euböa, und Eurytus glaubte, Herkules habe es gethan. Iphitus hingegen, der es nicht glaubte, gehet
zum Herkules, begegnet ihn, als er von Pherä kam,
wo er die gestorbene und von ihm gerettete Alcestis dem
Admetus gegeben hatte, und bittet ihn, die Ochsen suchen
zu helfen. Herkules verspricht es, und behält ihn bey
sich, verfällt aber wieder in Raserey, und stürzet ihn von
den Mauern zu Tirynth herab.

Von diesem Morde wollte er sich reinigen lassen, und
kam deswegen zum Neleus, dem Regenten der Pylier.
Weil es ihm aber Neleus wegen seiner Freundschaft mit
dem Eurytus abschlug; so gieng er nach Amyklä, und
ließ sich vom Deiphobus, dem Sohne des Hippolytus,
reinigen.

Eine schwere über den Mord des Iphitus entstandene Krankheit bewegte ihn, nach Delphi zu gehen, und
das Orakel wegen der Befreyung von seiner Krankheit zu
fragen. Weil sich aber Pythia weigerte, ihm ein Orakel
zu geben, wollte er den Tempel plündern, den Dreyfuß
wegnehmen, und ein eigenes Orakel errichten. Apollo
stritt deswegen mit ihm, bis Jupiter unter sie blitzte,
und den Streit ein Ende machte.

Her-

Herkules erhielt hierauf folgenden Ausspruch: er würde von der Krankheit befreyet werden, wenn er verkauft und drey Jahre lang diente, und überdies dem Eurytus wegen des Mords das Kaufgeld zur Schadloshaltung erlegen würde.

Diesem Orakelspruch zu Folge verkaufte Merkur den Herkules an die Omphale, eine Tochter des Jardanus, Königin der Lydier, welcher ihr verstorbener Gemahl Tmolus die Regierung hinterlassen hatte. Eurytus aber nahm die angebotene Schadloshaltung nicht an. Während seiner Knechtschaft bey der Omphale ergriff er bey Ephesus die Cerkoper, und fesselte sie. Den Syleus, der die nach Aulis kommenden Fremden zum Graben zwang, tödtete er nebst seiner Tochter Xenodice, nachdem er die Weinstöcke mit den Wurzeln ausgegraben hatte.

Als er an der Insel Doliche landete, und den Leichnam des Ikarus am Ufer ausgeworfen fand, so begrub er ihn, und nennte die Insel Ikaria, anstatt Doliche. Dädalus machte dafür aus Pech ein dem Herkules ähnliches Bildniß, welches Herkules in der Nacht verkannte, und es mit einem Stein zerschmiß, weil er es für lebendig hielte. Zu der Zeit, als er der Omphale diente, soll die Schiffarth nach Kolchi und die Jagd des Kalydonischen Schweins vorgefallen seyn, und Theseus, der von Trözene nach dem Isthmus gekommen, soll den Herkules gereiniget haben.

Nach dieser Knechtschaft wurde er von seiner Krankheit befreyet, und schiffte mit achtzehn funfzigruderigen Schiffen nach Ilium, nachdem er eine Armee von Freywilligen

willigen zu diesem Feldzuge geworben hatte. Als er zu
Ilium angelangt war, übergab er dem Oikleus die
Aufsicht über die Schiffe. Er selbst rückte nebst den
übrigen und tapfersten vor die Stadt. Laomedon hin=
gegen kam mit einem Haufen zu den Schiffen, und tödtete
den Oikleus in einem Gefechte. Er wurde aber doch
von dem Haufen, der bey dem Herkules war, zurückge=
schlagen und belagert. Kaum war die Belagerung ange=
fangen, so durchbrach Telamon die Mauer, und kam
zuerst in die Stadt. Ihm folgte Herkules. Als er
aber sahe, daß Telamon zuerst hinein gekommen war,
zog er sein Schwerd, und gieng auf ihn los. Denn er
wollte gern der erste seyn. Sobald Telamon dies sahe,
häufte er in der Nähe liegende Steine zusammen; und
als ihn Herkules fragte: was er da mache? so sagte er:
ich baue dem Herkules Kallinikus einen Altar. Dies
billigte Herkules, und nachdem die Stadt übergegangen
war, erschoß er den Laomedon und seine Kinder, den
Podarkes ausgenommen. Telamon aber bekam von
ihm zur Belohnung die Hesione, die Tochter des Lao=
medons, mit welcher Telamon nachher den Teucer
zeugte; er erlaubte auch der Hesione, sich von den Ge=
fangenen auszusuchen, wen sie wollte. Sie wählte sich
hierauf ihren Bruder Podarkes. Allein Herkules
sagte, er müsse zuvor Sklave seyn; dann könnte sie ihn
für dasjenige erhalten, was sie für ihn geben wolle.
Sie nahm deswegen ihr goldenes Kopfzeug ab, und gab
es für ihren verkauften Bruder. Daher bekam Po=
darkes den Namen Priamus.

Cap.

Cap. 7.

Auf der Rückfahrt von Troja schickte Juno heftige Stürme über den Herkules, worüber Jupiter zornig wurde, und sie am Olymp hängte. Bey der Ankunft zu Kos hielten die Koer den Herkules für den Anführer einer Seeräuberflotte, warfen deswegen Steine nach ihm, und wollten ihn verhindern, anzuländen. Allein die Insel wurde mit Gewalt eingenommen, und Herkules tödtete den König Eurypylus, einen Sohn der Astypaläa und des Neptuns. In dem Treffen wurde Herkules vom Chalkodon verwundet, welcher unversehrt blieb, indem ihn Jupiter wegrückte. Nach Verwüstung der Insel Kos, kam er der Minerva wegen nach Phlegra, und bekriegte hierauf nebst den Göttern die Giganten.

Nicht lange hernach zog er gegen den Augeas zu Felde, wozu er eine Arkadische Armee und Freywillige von den tapfersten aus ganz Griechenland warb. Als Augeas von dem Kriege des Herkules Nachricht erhielt, wählte er zu Feldherrn über die Eleer den Eurytus und Kreatus, Zwillinge, die damahls alle Menschen an Stärke übertrafen. Sie waren Söhne der Molione und des Aktors, ob sie gleich einige für Söhne des Neptuns hielten. Aktor aber war der Bruder des Augeas.

Unterdessen trug sichs zu, daß Herkules in eine Krankheit fiel. Deswegen ließ er mit den Molioniden einen Waffenstillstand machen. Kaum hatten sie aber erfahren, daß er krank wäre, so überfielen sie die Armee, und erlegten viele. Herkules setzte den Krieg fort, und

brachte

brachte die Molioniden bey der dritten Feyer der Isth=
mischen Spiele zu Kleoná hinterliftig um, wohin sie von
den Eleern waren geschickt worden, um in ihrem Namen
das Opfer zu verrichten. Dann führte er die Armee
gegen Elis, und eroberte die Stadt, erlegte den Augeas
nebst seinen Söhnen, brachte den Phyleus wieder zu=
rück, und gab ihm das Königreich. Er setzte auch her=
nach die Olympischen Spiele ein, und errichtete dem Pe=
lops und den zwölf Göttern zu Ehren Altäre.

Nach der Einnahme von Elis, zog er gegen Pylus
zu Felde, eroberte diese Stadt, und tödtete den Peri=
klymenus, den stärksten von den Söhnen des Neleus,
der sich beym Gefechte in allerhand Gestalten verwan=
delte. Er tödtete auch den Neleus und seine Kinder,
den Nestor ausgenommen, der damahls noch jung war
und bey den Gereniern erzogen wurde. Selbst den
Pluto, der den Pyliern zu Hülfe gekommen war, ver=
wundete er in dem Treffen.

Nach der Einnahme von Pylus führte Herkules
mit Lacedämon Krieg, weil er sich an den Söhnen des
Hippokoon rächen wollte. Denn er hatte einen Haß
gegen sie, weil sie den Neleus unterstützt, noch mehr
aber, weil sie den Sohn des Licymnius getödtet hatten.
Dieser war nämlich Willens, den Pallaſt des Hippokoon
zu sehen: es überfiel ihn aber ein Moloſsischer Hund, den
er mit einem Steine warf; deswegen liefen die Söhne
des Hippokoon herbey, und schlugen ihn mit Prügeln
zu tode. Um nun diesen Mord zu rächen, versammelte
Herkules eine Armee wider Lacedämon.

F 5   Bey

Bey seiner Ankunft in Arkadien bat er den Cepheus, ihm nebst seinen zwanzig Söhnen zu helfen. Allein Cepheus befürchtete, die Argiver möchten ihn, indem er Tegea verlassen würde, mit Krieg überziehn, und weigerte sich, den Feldzug mit zu machen. Herkules hatte von der Minerva das eherne Haar der Gorgo in einem Wassergefässe erhalten. Dies gab er der Sterope, der Tochter des Cepheus, und sagte: Wenn die Armee anrückt, so zeige von der Mauer dreymahl dies Haar, iedoch so, daß dich die Feinde nicht gewahr werden; dann werden sie fliehen!

Hierauf zog Cepheus nebst seinen Söhnen mit zu Felde. Sie kamen aber mit einander in der Schlacht um, wie auch Jphiklus, der Bruder des Herkules. Herkules aber tödtete den Hippokoon, nahm seine Söhne gefangen, übergab die Stadt dem Tyndareus, und schenkte ihm das Königreich.

Herkules kam hierauf nach Tegea, und liebte die Auge, eine Tochter des Aleus, ohne sie zu kennen. Sie gebahr heimlich ein Kind, und legte es in den Tempel der Minerva. Als aber die Pest die Gegend verheerte, gieng Aleus in den Tempel, durchsuchte ihn, und fand die Geburt seiner Tochter. Er setzte hernach das Kind auf dem Berge Parthenius aus, welches durch eine gewisse Vorsicht der Götter erhalten wurde. Denn eine Hirschkuh, die eben geworfen hatte, säugte es. Die Hirten nahmen hernach das Kind zu sich, und nennten es Telephus. Die Auge aber gab Aleus dem Nauplius, einem Sohne des Neptuns, außer Landes zu verkaufen. Dieser gab sie dem Teuthras, Herrn über Teuthrania, der sie zur Gemahlin nahm.

Her

Herkules kam nach Kalydon, und hielt um die Deianira, die Tochter des Oeneus, an. Als er deswegen mit dem Achelous, der sich in einen Stier verwandelt hatte, ringen mußte, zerbrach er ihm ein Horn, und heurathete die Deianira. Achelous erhielt das Horn wieder, und gab dafür das Horn der Amalthea. Amalthea war eine Tochter des Hämonius, und hatte ein Ochsenhorn. Dieses soll, nach dem Pherecydes, eine solche Kraft gehabt haben, daß man alles im Ueberfluß dadurch erhalten konnte, was man zu essen und zu trinken wünschte.

Herkules führte nebst den Kalydoniern Krieg gegen die Thesproten. Er nahm die Stadt Ephyra ein, wo Phylas König war, heurathete seine Tochter Astyoche, und zeugte mit ihr den Tlepolemus. Hier blieb er, schickte zum Thestius, und ließ ihm sagen, er sollte sieben von seinen Söhnen bey sich behalten, drey davon nach Theben, die andern vierzig aber nach der Insel Sardinien, als Colonisten, schicken *).

Nach diesen wurde er vom Oeneus bewirthet, und tödtete den Eunomus, den Sohn des Architeles, mit einem Nasenstüber, als er ihm Wasser auf die Hände goß. Dieser Eunomus war ein Anverwandter des Oeneus, welcher jedoch dem Herkules verzieh, weil er glaubte, es wäre nicht mit Vorsatz geschehen. Allein Herkules wollte den Gesetzen zu Folge das Land meiden, und beschloß, zum Ceyx nach Trachin zu gehen.

Er kam deswegen mit der Deianira an den Fluß Evenus, an dem sich Nessus, der Centauer, aufhielte,

und

*) S. Gale.

und die Reisenden überfuhr, indem er sagte, die Götter hätten ihm zur Belohnung seiner Gerechtigkeit die Fähre verliehen. Herkules gieng selbst über den Fluß. Deia= nira aber kam mit ihm des Fährgeldes wegen überein, und ließ sich übersetzen. Bey der Ueberfahrt aber unter= stand er sich, ihr Gewalt zu thun. Auf ihr Geschrey kam Herkules herbey, und schoß den Nessus, als er ausstieg, ins Herz. Indem er nun sterben wollte, sagte er zur Deianira, wenn sie einen Liebestrank für den Herkules haben wollte; so sollte sie den auf die Erde geflossenen Saamen mit dem Blute aus seiner Wunde vermischen. Sie that dies, und verwahrte es.

Als hierauf Herkules durch das Land der Dryopen reisete und Mangel an Lebensmitteln hatte, begegnete ihm Thiodomas mit einem mit Ochsen bespannten Wagen, wovon er den einen abspannte, schlachtete, kochte und ver= zehrte. Dann kam er nach Trachin zum Ceyx, wurde von ihm aufgenommen, und bekriegte die Dryopen.

Von hier gieng er weiter, und kam zum Aegimus, dem König der Dorier, den er im Krieg unterstützte. Denn die Lapithen stritten unter Anführung des Koro= nus wegen der Gränzen des Landes und belagerten den Aegimus, der den Herkules um Hülfe bat, und ihm einen Theil des Landes versprach. Herkules that dies, tödtete den Koronus nebst andern, und befreyete das ganze Land. Er tödtete auch den Laogoras, König der Dryopen, nebst seinen Kindern, als er im Tempel des Apollo speiste. Denn Laogoras war sehr unbillig und ein Bundsgenosse der Lapithen.

Als er nach Jton kam, forderte ihn **Cyknus**, ein Sohn des Mars und der Pelopia, zum Zweykampf heraus. Er stellte sich, und tödtete ihn.

Bey seiner Ankunft zu Orchomenus wollte ihm der König **Amyntor** nicht verstatten, gewaffnet seinen Durchzug zu halten. Deswegen griff er ihn an, und tödtete ihn.

Sobald er wieder nach Trachin gekommen war, so versammlete er wider Oechalia eine Armee, um sich an dem Eurytus zu rächen. Die Arkadier und die von Trachin herstammenden Melier, wie auch die Epiknemidischen Lokrier halfen ihm; er tödtete den Eurytus nebst seinen Söhnen, und eroberte die Stadt. Alsdann begrub er seine gebliebenen Bundsgenossen, den Hippasus, Sohn des Ceyx, den Argeus und Melas, Söhne des Licymnius. Zuletzt plünderte er die Stadt, und führte Jolen gefangen mit sich weg.

Nach diesen landete er bey dem Euböischen Vorgebürge Cenäus, und errichtete dem Jupiter Cenäus einen Altar. Als er aber opfern wollte, schickte er den Lichas zum Ceyx *), um ihm ein weisses Kleid zu bringen. Von diesem erfuhr Dejanira, was mit Jolen vorgefallen war, und weil sie befürchtete, er möchte diese mehr lieben, als sie; so bestrich sie das Kleid mit dem Blute des Nessus, weil sie es für einen würklichen Liebestrank hielte. Herkules zieht es an, und opfert. Als aber das Kleid warm und die Haut von dem Hydernblute faul wurde, ergriff er den Lichas bey den Füssen und schleuderte ihn von Böotien in das Euböische Meer. Er wollte hierauf das am Leibe klebende Kleid ausziehen: allein er riß das Fleisch mit herunter.

Mit

*) S. Gale.

Mit diesem Uebel geplagt reisete er zu Schiff nach Trachin. Deianira erfuhr inzwischen den Vorfall, und erhieng sich. Herkules aber befahl dem Hyllus, seinem ältesten Sohne von der Deianira, Jolen zu heurathen, sobald er erwachsen seyn würde.

Nach diesen gieng er auf den Trachinischen Berg Oetas, machte daselbst einen Scheiterhaufen, stieg darauf, und befahl, ihn anzuzünden. Weil aber dies niemand von den Seinigen thun wollte, zündete ihn Pöas an, der seine Heerden suchte und dahin gekommen war. Diesem schenkte auch Herkules seine Pfeile. Indem der Scheiterhaufen brannte, so soll ihn eine Wolke unter Donnern im Himmel getragen haben. Er erlangte hierauf die Unsterblichkeit, wurde mit der Juno versöhnt, und heurathete ihre Tochter, die Hebe, mit welcher er den Alexiares und Anicetus zeugte.

Hier folgen die vom Herkules mit den Töchtern des Thespius erzeugten Kinder. Prokris, die älteste, gebahr ihm den Antileon und Hippeus; Panope den Thrisippas; Lyse den Eumedes; Kreon; Epilais den Astyanax; Krathe den Jobes; Eurybia den Polylaus; Patro den Archemachus; Meline den Laomedon; Klythippe den Eurykapes; Eubote den Eurypylus; Aglaja den Antiades; Onesippus; Chryseis den Oreias; Lanomene den Teles; Lysidice den Entedides; Anthippe den Menippides; Hippodrome den Teleutagoras; Euryce den Pylus; Eubõa den Hippotus; Nice den Olympus; Argele den Nikodromus; Exole den Kleolaus; Xanthis den Eurythras; Stratonice den Homolyppus; Atrome den Keleustanor; Laothoe den Iphis;

An

Antipe den Atidus; Aſtybie den Alopius; Metis
den Kales; Phileis den Tigaſis; Aeſchreis den
Leucones; Anthea den Euryppylus; Archedice den
Dynaſtes; Erato den Aſopides; Eone den Mentor; Tiphyſe den Ameſtrius; Halokrate den Lynceus; Helikonis den Olympuſes; Heſychea den
Phalias; Terphikrate den Oeſtrebles; Eleuchea
den Euryops; Antimache den Buleus; Nicippe
den Patroklus; Pyrippe den Nephus; Praxithea
den Lyſippus; Eraſippe den Lykurgus; Texikrate
den Lycius; Marſe den Bukolus; Leucippe den
Euryteles; Hippokrate den Hippozygus. Dieſe
ſind von den Töchtern des Theſpius.

Auſſerdem zeugte er mit der Deianira, der Tochter
des Oeneus, den Hyllus, Kteſippus, Glykiſone-
tes; mit der Megara, der Tochter des Kreon, den
Therimachus, Deikoon, Kreontiades, Deion;
mit der Omphale, den Agelaus, den Stammvater
des Kröſiſchen Geſchlechtes; mit der Chalkiope, der
Tochter des Euryppylus, den Theſſalus; mit der
Epilaſte, der Tochter des Aegeus, den Theſtalus;
mit der Parthenope, der Tochter des Stymphalus,
den Eureres; mit der Auge, der Tochter des Aleus,
den Telephus; mit der Aſtyoche, der Tochter des
Phylas, den Tlepolemus; mit der Aſtydamia,
der Tochter des Amyntor, den Kteſippus; mit der
Autonoe, der Tochter des Pereus, den Palämon.

Cap.

Cap. 8.

Nachdem **Herkules** unter die Götter versetzt war, so flohen seine Kinder vor dem **Eurystheus** und kamen zum **Ceyx.** Weil aber **Eurystheus** sie ausgeliefert haben wollte und sie zu bekriegen drohete, so verliessen sie aus Furcht Trachin, und flohen durch Griechenland. Sie wurden verfolget, und kamen nach Athen, wo sie sich auf den Altar der Barmherzigkeit setzten, und um Hülfe fleheten. Die Athenienser lieferten sie auch nicht aus, sondern bekriegten den **Eurystheus,** und tödteten seine Söhne, den **Alexander, Iphimedon, Euribius, Mentor** und **Perimedes.** Den **Eurystheus** aber, der auf einem Wagen floh, erschlug **Hyllus** auf der Flucht, als er vor den Scironidischen Felsen vorbey fuhr, schnitt seinen Kopf ab, und gab ihn der **Alkmene,** die ihm mit Spindeln die Augen ausgrub.

Nach der Ermordung des **Eurystheus** kamen die **Herakliden** nach dem Peloponnes, und eroberten alle Städte. In dem Jahre, da sie wieder dahin kamen, ward der ganze Peloponnes von der Pest überfallen, welches dem Orakel zu Folge von den **Herakliden** hergekommen, weil sie eher, als es billig war, wieder dahin gekommen wären. Sie verliessen also den Peloponnes, giengen nach Marathon, und wohnten daselbst.

Tlepolemus hatte den **Licymnius** wider seinen Willen getödtet, ehe er noch den Peloponnes verließ, indem er seinen Sklaven mit dem Stock schlagen wollte, und verfehlte. Er flohe deswegen mit vielen nach Rhodus, und ließ sich daselbst nieder.

Hyllus

Hyllus heurathete nach dem Befehl seines Vaters
Jolen, die Tochter des Eurytus. Er machte hier=
auf Anstalten zum Rückzug der Herakliden, und gieng
deswegen nach Delphi, um zu fragen, wie sie wieder da=
hin kommen könnten? Apollo antwortete, nach der
dritten Frucht sollten sie wieder dahin gehen. Weil nun
Hyllus glaubte, unter der dritten Frucht würde das
dritte Jahr verstanden, so wartete er diese Zeit ab, und
führte alsdann die Herakliden nebst einer Armee nach
dem Peloponnes, als Tisamenus, ein Sohn des Ore=
stes, König der Peloponnesier war. Als nun wieder
ein Treffen vorfiel, siegten die Peloponnesier, und
Aristomachus kam um.

Hierauf fragten die unterdes erwachsenen Söhne des
Kleolaus das Orakel wiederum wegen des Rückzuges
um Rath. Da nun Apollo wie zuvor antwortete, und
Temenus sich beklagte, daß sie dieses schon gethan hätten
und unglücklich gewesen wären; so antwortete Apollo,
sie wären selbst Schuld an ihrem Unglück, indem sie die
Orakelsprüche nicht verstanden hätten; er meyne nicht die
dritte Frucht der Erde, sondern die dritte Frucht des
Menschenalters, und unter der Enge verstehe er die dem
Isthmus zur rechten Hand liegende Meerenge *),

Auf diese Nachricht rüstete Temenus eine Armee
und eine Flotte aus. Die Schiffe verfertigte er an einem
Orte in Aetolien, der daher Naupaktus genennt wird.

Als

---

*) Ich habe diese verdorbene Stelle dem Verstande gemäß
übersetzt. Die Zweydeutigkeit des Orakelspruchs lag in dem
Worte Στενυγρα, welches den Isthmus oder die Landenge
bey Korinth, und die Meerenge zwischen dem Peloponnes
und zwischen Aetolien bedeuten konnte.

G

Als sich die Armee daselbst noch aufhielte, wurde Aristode=
mus vom Blitz erschlagen, und hinterließ Zwillinge,
den Eurysthenes und Prokles, die er mit der Aegea,
einer Tochter des Autesion, gezeugt hatte.

Bey Naupaktus wurde die Armee von einem Un=
glücke betroffen. Denn es kam ein Wahrsager zu ihnen,
der Orakelsprüche that und begeistert war. Diesen hielten
sie für einen Zauberer, und glaubten, er wäre von den
Peloponnesiern der Armee zum Verderben zugeschickt
worden. Hippotes, der Sohn des Philas (der ein
Sohn des Antiochus und Enkel des Herkules war)
tödtete ihn mit dem Wurfspieß.

Nach diesem Vorfalle giengen alle Schiffe unter, und
die Flotte ward vernichtet. Unter die Landarmee kam die
Hungersnoth, wovon sie aufgerieben wurde. Als nun
Temenus das Orakel deswegen fragte, so antwortete
Apollo, es käme dies von der Ermordung des Wahr=
sagers her; der Mörder müsse zehn Jahre lang des Lan=
des verwiesen werden, und sie müßten sich einen dreyäu=
gichten Führer wählen.

Hierauf verwiesen sie den Hippotes des Landes,
und suchten einen Dreyäugichten. Sie trafen her=
nach den Oxylus, einen Sohn des Andrämon, zu
Pferde an, welcher nur ein Aug hatte; denn das an=
dere hatte er durch einen Pfeilschuß verlohren. Die Ur=
sache war diese. Er war eines Mords wegen nach Elis,
und von da nach Aetolien geflohen, und wollte ietzt, nach
Verlauf eines Jahres, wieder nach Hause gehen. Auf
diesen deuteten sie das Orakel, und wählten ihn zum An=
führer. Sie griffen hernach die Feinde an, und siegten
                                                      sowohl

sowohl zu Land als zu Waffer; sie tödteten auch den Tisamenus, den Sohn des Orestes. Von ihren Bundsgenossen starben die Söhne des Aegimus, Pamphilus
und Dymas.

Nach der Eroberung des Peloponnes errichteten sie
drey Altäre, opferten darauf, und theilten die Städte
durchs Loos. Das erste Loos war Argos, das zweyte
Lacedämon, das dritte Messene. Sie nahmen deswegen einen Waffereimer, worein ein ieder sein Loos
warf. Temenus, Prokles und Eurysthenes warfen Steine hinein: Kresphontes aber, der gerne Messene zu seinem Antheil verlangte, eine Erdscholle. Weil
nun diese im Waffer zerfloß, so mußten die beyden andern Loose nothwendig zuerst herauskommen. Temenus
zog also das erste, die Söhne des Aristodems das
zweyte, und Kresphontes bekam Messene.

Auf den Altären, wo sie geopfert hatten, fanden sie
hernach gewisse Zeichen liegen. Diejenigen, die Argos bekommen hatten, fanden auf ihren Altar eine Kröte; die
von Lacedämon einen Drachen; und die von Messene
einen Fuchs. Von diesen Zeichen sagten die Wahrsager:
Diejenigen, die die Kröte bekommen, würden am sicher-
sten seyn, wenn sie in der Stadt blieben; denn dieses
Thier habe keine Kräfte, weit zu gehn; die den Drachen erhalten hätten, würden in Feldzügen fürchterlich;
und, die den Fuchs gefunden, listig seyn.

Temenus ließ hierauf seine Söhne, den Agelaus,
Eurypylus und Kallias von sich, und blieb bey seiner
Tochter Hyrnetho und bey ihrem Mann, dem Dei-
phon. Seine Söhne beredeten daher die Titanen

um Lohn, ihren Vater umzubringen. Nach vollbrach=
ten Mord, übergab die Armee das Reich der **Hyr=
netho** und dem **Deiphon**.

Kresphontes regierte nicht lange zu **Messene**, son=
dern wurde von seinen Söhnen umgebracht. **Poly=
phontes** wurde hierauf König, weil er von den **Hera=
kliden** abstammte, und nahm die Gemahlin des Erschla=
genen, **Merope**, wider ihren Willen. Allein er wurde
gleichfalls umgebracht. Denn als **Merope** ihren drit=
ten Sohn, **Aegyptus**, bekam, gab sie ihn ihren Vater zu
erziehen. Nach erlangten männlichen Alter überfiel die=
ser den **Polyphontes** heimlich, tödtete ihn, und über=
nahm die Regierung seines Vaters.

Bibliothek

des

Apollodors.

Drittes Buch.

Bibliothek des Apollodors.

Drittes Buch.

Cap. I.

Das Geschlecht des Inachus habe ich angeführt, indem ich die Nachkommen des Belus bis auf die Herakliden anzeigte. Nunmehr will ich auch von der Familie des Agenors reden. Es ist schon erinnert worden, daß Neptun mit der Libya zwey Söhne, den Belus und Agenor, gezeugt hatte. Belus, König in Aegypten, war der Stammvater der vorhin angeführten Personen. Agenor aber gieng nach Europa, heurathete die Telephassa, und zeugte mit ihr eine Tochter, die Europa, und folgende Söhne: Kadmus, Phönix und Cilix. Einige sagen, nicht Agenor, sondern Phönix, wäre der Vater der Europa gewesen. Jupiter verliebte sich in sie, und schwomm deswegen in Gestalt eines Stiers über das Rhodische Meer, stellte sich zahm, ließ das Mägdchen aufsitzen, gieng mit ihr durch das Meer, und brachte sie nach Kreta. Daselbst liebte sie Jupiter, und sie gebahr ihm den Minos, Sarpedon und Rhadamanth. Nach dem Homer war Sarpedon ein Sohn des Jupiters und der Laodamia, einer Tochter des Bellerophon. Europa war also verschwunden, und Agenor,

G 4

ihr

ihr Vater, schickte seine Söhne aus, sie aufzusuchen, mit dem Zusatze, daß sie nicht eher wieder zurückkehren soll= ten, bis sie Europen würden gefunden haben. Mit ihnen gieng ihre Mutter, Telephassa, und Thasus, ein Sohn des Neptuns, oder nach dem Pherecydes, Cilix.

Nachdem sie nun überall gesucht, und Europen nicht finden konnten; so gieng der eine dahin, der andere dorthin, weil sie verzweifelten, in ihre Familie wieder aufgenommen zu werden. Phönix begab sich nach Phö= nizien. Cilix aber blieb in der Nachbarschaft des Phönix, und nennte die am Flusse Pyramus gelegene und unter seine Bothmäßigkeit gebrachte Landschaft Cili= cien. Kadmus und Telephassa ließen sich in Thrazien nieder. Thasus bauete auch eine Stadt, Namens Tha= sus, in Thrazien, und blieb daselbst.

Mit Europen vermählte sich Asterion, ein Kreti= scher Regent, und erzog die von ihr gebohrnen Kinder. Kaum waren sie aber erwachsen, so wurden sie mit einan= der uneinig; dann sie liebten einen Jüngling, mit Namen Miletus, der ein Sohn des Apollo und der Area, einer Tochter des Kleochus, war. Minos bekriegte den Sarpedon, weil der Jüngling diesem seine Nei= gung geschenkt hatte, und besiegte ihn. Sie flohen, und Miletus landete an Karien, wo er eine Stadt er= bauete, und sie nach seinem Namen Miletus hieß. Sarpedon half dem Cilix gegen die Lycier Krieg füh= ren, und beherrschte hernach einen Theil von der Land= schaft Lycien. Jupiter verlieh ihm ein Leben von drey Menschenaltern. Einige sagen, er habe sich in den Atymnius, einen Sohn des Jupiters und der Kassio=

pea

pea, verliebt, und deswegen einen Aufruhr erregt. Rhadamanth heurathete die **Alkmene**, nachdem er die Insulaner nach seinen Gesetzen beherrscht und wieder nach Böotien geflohen war. Nach seinem Tode spricht er nebst dem **Minos** in der Hölle das Recht. **Minos** schrieb bey seinem Auffenthalt in Kreta Gesetze, und ver= mählte sich mit der **Pasiphae**, einer Tochter der **Sonne** und der **Perseis**. **Asklepiades** hingegen macht die **Krete**, eine Tochter des **Asterius**, zu seiner Gemahlin, und sagt, er habe mit ihr folgende Söhne gezeugt: **Kre= teus (Kastreus), Deukalion, Glaukus, Andro= geus**; wie auch diese Töchter: **Hekate, Xenodice, Ariadne**, und **Phädra**. Mit der Nymphe **Paria** aber zeugte er den **Eurymedon, Nephalion, Chryses** und **Philolaus**; und mit der **Dexithea**, den **Euran= thius**.

Asterius starb, ohne Kinder zu hinterlassen, und **Minos**, der die Regierung von **Kreta** übernehmen woll= te, wurde daran gehindert. Er gab deswegen vor, er habe von den Göttern das Reich empfangen. Um nun diesem Vorgeben Glauben zu verschaffen, sagte er, sein Wunsch, den er thun wollte, würde erfüllt werden. Er opferte hierauf dem **Neptun**, und bat, ihm einen Stier aus der Tiefe des Meers auffsteigen zu lassen, mit dem Versprechen, ihn hernach zu opfern. **Neptun** ließ ei= nen Stier, der seiner würdig war, hervorkommen, und **Minos** erhielt das Königreich. Den Stier aber schickte er unter seine Heerden, und opferte einen andern. Er übte zuerst die Oberherrschaft zur See aus, und machte sich fast alle Inseln unterwürfig.

Allein

Allein **Minos** erfuhr den Zorn des Neptuns, weil er den Stier nicht geopfert hatte. Er máchte also, daß der Stier wild, und **Pasiphae** verliebt in ihn wurde. Zu Beförderung dieser Liebe bediente sie sich des **Dádalus**, eines Baumeisters, der wegen eines Mords aus Athen entflohen war. Dieser verfertigte eine hölzerne Kuh, die auf Rädern gieng, und inwendig hohl und mit einem Kuhfell überzogen war. Er stellte sie hernach auf die Wiese, wo der Stier zu weiden gewohnt war, und schloß die **Pasiphae** hinein. Der Stier kam, und besprang sie, wie eine würkliche Kuh. Sie gebahr hernach den **Asterius**, mit dem Beynamen **Minotaurus**. Dieser hatte das Gesicht eines Stiers; das übrige aber hatte die Gestalt eines Mannes. Einigen Orakelsprüchen zu Folge verschloß und verwahrte ihn **Minos** in dem Labyrinthe. Dies Labyrinth, vom **Dádalus** erbauet, war ein Gebäude von mannigfaltigen Krümmungen, die den Ausgang irrend machten.

Die übrigen Nachrichten vom **Minotaurus**, von der **Phádra**, und **Ariadne** werden wir hernach bey den Begebenheiten des **Theseus** erzählen *).

Cap. 2.

Kreteus, der Sohn des **Minos**, hatte folgende Kinder: **Aerope**, **Klymene**, **Apemosyne**, und einen Sohn, **Althemenes**. Dieser **Kreteus** fragte das Orakel um sein Lebensende, und **Apollo** antwortete: er würde von einem seiner Kinder umgebracht werden. Dieses Orakel hielt **Kreteus** geheim. **Althemenes** aber erfuhr

*) Sie sind durch Verstümmelung des Buchs verlohren gegangen.

fuhr es, und weil er befürchtete, er möchte der Mörder
seines Vaters werden, so verließ er nebst seiner Schwester
Apemosyne die Insel Kreta, und kam an einem gewissen
Ort in Rhodus, den er in Besitz nahm, und Kretenia
nennte.

Einstens stieg er auf den Berg Atabyrius, und
betrachtete die herumliegenden Inseln. Beym Anblick
der Insel Kreta und bey der Erinnerung an die Götter
seines Vaterlandes errichtete er dem Atabyrischen Jupiter zu Ehren einen Altar.

Nicht lange hernach tödtete er seine eigene Schwester.
Denn Merkur hatte sich in sie verliebt; weil sie aber vor
ihm floh, und er sie nicht einhohlen konnte (denn sie übertraf ihn an Geschwindigkeit im Laufen); so belegte er,
als er von Kreta zurückkam, den Weg mit frischen Häu-
ten, auf denen sie hinglitschte, und von ihm ihrer Ehre
beraubt wurde. Sie entdeckte hernach den Vorfall ihrem Bruder; dieser aber hielt die Erwähnung des Gottes
für einen blossen Vorwand, und trat sie mit Füssen, daß
sie starb.

Kreteus gab dem Nauplius die Aerope und Klymene, um sie in fremden Ländern zu verkaufen. Von
diesen heurathete Plisthenes die Aerope, und zeugte mit
ihr den Agamemnon und Menelaus. Die Klymene
heurathete Nauplius, und bekam von ihr zwey Söhne,
den Oear und Palamedes.

Kreteus war unterdessen alt worden, und bekam ein
Verlangen, seinem Sohne Althemenes das Königreich
zu übergeben. Er reisete deswegen nach Rhodus. Er
stieg mit seinen Gefährten bey einem unbewohnten Ort
der

der Inſel aus dem Schiffe; wurde aber von den Hirten,
welche ſie für Räuber hielten, angegriffen. Er wollte
ihnen ihren Irrthum benehmen: allein für den Geſchrey
der Hunde konnten ſie es nicht verſtehen. Sie ſtritten
alſo fort; Althemenes kam darzu, ſchoß einen Wurf=
ſpieß ab, und tödtete den von ihm verkannten Kreteus.
Als er hernach den Zufall einſahe, wünſchte er, daß ihm
die Erde verſchlingen möchte; welches auch geſchah.

Cap. 3.

Deukalion hatte folgende Kinder: Idomeneus,
Krete, Nothus und Molus.

Glaukus (ein Sohn des Minos) verfolgte, als
er noch ein Kind war, eine Maus, fiel darüber in eine
Honigtonne, und ſtarb. Weil man nun nicht wußte,
wo er hingekommen war, und ihn Minos überall hatte
ſuchen laſſen, fragte er das Orakel deswegen um Rath.
Die Kureten antworteten ihm, unter ſeinen Heerden
befände ſich ein Ochſe von dreyerley Farben; wer nun die
Geſtalt deſſelben am beſten nachmachen könnte, der würde
den Knaben lebendig machen. Es wurden daher Wahr=
ſager zuſammenberufen, unter denen Polyidus, ein Sohn
des Köranus, durch die Frucht des Brombeerſtrauchs
die Farbe des Ochſen nachmachte. Er wurde hernach ge=
nöthiget, den Knaben zu ſuchen, und fand ihn endlich,
durch Hülfe einer Prophezeyhung.

Minos wollte ihn wieder lebendig haben, und ver=
ſchloß ihn nebſt dem Leichnam in ein Gemach. Polyidus
wußte ſich lange nicht zu helfen. Endlich erblickte er einen
Drachen, der auf den Leichnam zugieng. Dieſen warf er
mit

mit einem Steine, und tödtete ihn, weil er befürchtete, er möchte umkommen, wenn er ihn leben ließ.

Bald darauf kommt ein anderer Drache, und geht wieder fort, als er den ersten todt sahe. Er kehrt aber hernach wieder zurück mit einem gewissen Kraute, womit er den ganzen Körper des andern beleget. Kaum war das Kraut darauf gelegt, so wurde er wieder lebendig. Polyidus sahe dies mit Verwunderung, bedeckte den Körper des Glaukus mit eben diesem Kraute, und machte ihn wieder lebendig.

Minos hatte nun seinen Sohn wieder erhalten; demohngeachtet wollte er den Polyidus nicht eher wieder nach Argos gehen lassen, bis er dem Glaukus die Wahr-sagerkunst würde gelehrt haben. Polyidus siehet sich genöthiget, und lehret sie ihn. Endlich will er abschiffen; befiehlt aber zuvor dem Glaukus, er sollte ihn in den Mund speyen. Kaum war dies geschehen, so hatte Glau-kus seine Kunst wieder vergessen.

Dies war es, was ich von den Nachkommen der Europa erzählen mußte.

Cap. 4.

Kadmus hatte die Telephassa begraben, wurde von den Thraziern, als ein Gastfreund bewirthet, und gieng nach Delphi, um sich der Europa wegen zu erkun-digen. Das Orakel sagte ihm, er möchte sich nur wegen der Europa keine Mühe geben; sondern sollte eine Kuh statt eines Wegweisers brauchen, und an dem Orte, wo sie sich für Müdigkeit niederlegen würde, eine Stadt bauen.

Nach

Nach Anhörung dieses Orakels reisete er durch die
Phocische Landschaft. Hier begegnete ihm von den Heerden des Pelagon eine Kuh; er folgte ihr auf dem Fusse
nach. Sie gieng durch Böotien, und legte sich endlich
nieder, wo ietzo die Stadt Theben stehet.

Kadmus wollte die Kuh der Minerva opfern, und
schickte deswegen einen von seinen Gefährten ab, um Wasser aus der Quelle des Mars zu hohlen. Allein, die
Quelle wurde von einem Drachen bewacht, den Mars
gezeugt haben soll, und von dem die meisten von den abgeschickten Leuten umgebracht wurden. Kadmus wird
hierüber erzürnt, und tödtet den Drachen. Auf Anrathen der Minerva säet er die Zähne desselben, wovon
gewaffnete Männer, die er Sparter nennte, aus der
Erde empor stiegen. Es brachte aber einer den andern
um; einige wurden wider ihren Willen in den Streit ver-
wickelt: andere hingegen, weil sie einander nicht kannten.

Pherecydes erzählet die Sache anders. Er sagt,
Kadmus habe, sobald er die Männer aus der Erde hervorkommen gesehen, Steine unter sie geworfen. Hierauf
wären sie im Streit gerathen, weil sie geglaubt hätten,
sie würfen einander selbst. Fünfe wurden von ihnen erhalten, nämlich: Echion, Udäus, Chthonius, Hyperenor, und Pelor.

Kadmus mußte dieses Todschlages wegen den Mars
ein ganzes Jahr lang um Lohn dienen. Ein Jahr bestand aber damahls aus acht Jahren. Nach Verlauf
dieser Zeit, bereitete ihm Minerva selbst einen Pallast
zu; und Jupiter gab ihm die Harmonia, eine Tochter der Venus und des Mars, zur Gemahlin. Alle
Göt-

Götter verließen den Himmel, und feyerten in der Kad=
musburg bey einem Gaſtmahle dieſe Hochzeit.

Kadmus ſchenkte ſeiner Gemahlin ein Peplum
und einen Halsſchmuck, ein Werk des Vulkans. Ei=
nige ſagen, Kadmus habe ihn vom Vulkan geſchenkt
bekommen. Pherecydes hingegen macht ihn zu einem
Geſchenk der Europa, die ihn vom Jupiter erhalten
hätte.

Die Töchter des Kadmus hießen: Autonoe, Ino,
Semele, Agave, und ſein Sohn, Polydorus.
Ino wurde mit dem Athamas vermählt, Autonoe
mit dem Ariſtäus, Agave mit dem Echion.

Jupiter verliebte ſich in die Semele, und ſchlief
ohne Wiſſen der Juno bey ihr. Juno hintergieng ſie
aber hernach, als Jupiter ihr verſprochen hatte, alle ihre
Wünſche zu erfüllen. Denn ſie bat ihn, er möchte ſie ſo
beſuchen, wie er die Juno zu beſuchen pflegte. Jupiter
konnte ſein Verſprechen nicht zurück nehmen, und kam alſo
in ihr Schlafzimmer auf ſeinem Wagen, unter Wettern,
Donnern und Blißen. Semele fiel für Furcht in Ohn=
macht, und gebahr eine ſechsmonatliche Frucht, welche
Jupiter aus dem Feuer riß, und ſie in ſeinen Schenkel
einnähete.

Semele ſtarb hernach, und die übrigen Töchter des
Kadmus verbreiteten das Gerücht, Semele habe bey
einem Sterblichen geſchlafen, und den Jupiter fälſchlich
angegeben; deswegen ſey ſie von ihm mit Blißen getöd=
tet worden.

Nach Verlauf der gehörigen Zeit löſete Jupiter die
Fäden auf, und gebahr den Bacchus, den er dem

Mer=

Merkur übergab. Dieser brachte ihn zur Jno und
zum Athamas, und bat sie, ihn wie ein Mägdchen zu
erziehen. Juno wurde hierüber erzürnt, und versetzte
sie in eine Raserey.

Athamas tödtete alsdann seinen ältern Sohn,
Learch, indem er glaubte, er jage einen Hirsch. Jno
aber warf den Melicertes in einen siedenden Kessel, und
stürzte sich hernach nebst dem todten Kinde in die Tiefe
des Meers. Sie bekam den Namen Leukothea, und
der Knabe, den Namen Palämon. Vornämlich nen=
nen sie so die Seefahrenden, weil sie den Sturmleiden=
den Hülfe leisten. Dem Melicertes zu Ehren stiftete
Sisyphus die Isthmischen Spiele.

Jupiter verwandelte den Bacchus in einen Bock,
um ihn dem Zorn der Juno zu entziehen. Merkur
brachte ihn hernach zu den Nymphen, die sich zu Nyssa
in Asien aufhielten. Jupiter verwandelte sie nach der
Zeit in Sterne, und nennte sie Hyades.

Aktäon war ein Sohn der Autonoe und des Ari=
stäus. Chiron erzog ihn, und er wurde ein Jäger.
Er wurde aber hernach von seinen eigenen Hunden auf
dem Berge Cithäron gefressen. Nach dem Akusilaus
soll die Ursache hiervon gewesen seyn, weil er die Semele
hätte heurathen wollen und Jupiter unwillig darüber
worden wäre. Die meisten aber sagen, weil er die
Diana im Bade gesehen hätte. Sie setzen hinzu, die
Göttin habe ihn auf der Stelle in einen Hirsch verwan=
delt; seine funfzig Hunde aber, die ihm folgten, wären
rasend geworden, und hätten ihn aus Irrthum gefressen.

Als

Als Aktäon todt war, suchten die Hunde heulend ihren Herrn. Nach langen Suchen kamen sie zur Höhle des Chiron, der das Bildniß des Aktäon verfertigte, wodurch dann ihre Traurigkeit gestillt wurde. Hier folgen einige Namen von den Hunden des Aktäon.

Bald umgeben die statken Hunde den wohlgemachten Leib, gleich wilden Thieren; Prote mit ihren Jungen, dem Lynceus, dem geschwinden Banus, und dem Amarynthus ——

Andere werden namentlich so angeführt:

Nach dem Willen des Jupiters starb damahls Aktäon. —— Das schwarze Blut ihres Herrn leckten zuerst Spartus, Argus, und der hurtige Bores. Alle verzehren den Aktäon, und sättigen sich mit seinem Blute. Rasend stürmen die übrigen hinzu. —— Dies sey den Sterblichen ein Mittel gegen bittere Schmerzen *).

Cap. 5.

Bacchus, der Erfinder des Weinstockes, durchirrte Aegypten und Syrien, nachdem ihn Juno rasend gemacht hatte. Zuerst nimmt ihn Proteus, König der Aegypter, auf; hernach kommt er nach Cybela in Phrygien,

*) Diese und die vorhergehenden Verse sind so verstümmelt, daß Gale alle Hofnung aufgiebt, sie ohne Handschriften wiederherzustellen. Ich habe mir Mühe gegeben, sie wenigstens so zu übersetzen, daß doch noch ein erträglicher Sinn herauskömmt. Ueberhaupt hat man nicht Ursache, den Verlust dieses Hundeverzeichnisses zu bedauern.

H

gien, wo er von der Rhea gereiniget wird, die gottes=
dienstlichen Gebräuche lernet, ein langes Kleid von ihr
empfängt, und durch Thrazien nach Indien reiset.

Lykurg, ein Sohn des Dryas, Königs der Edo=
nen, die an dem Flusse Strymon wohnen, beleidigte ihn
zuerst und verjagte ihn. Bacchus flohe hierauf in die
See zur Thetis, einer Tochter des Nereus. Die
Bacchantinnen aber und der Haufe der ihm folgenden
Satyrn wurden gefangen. Die Bacchantinnen kamen
iedoch bald wieder los. Denn Bacchus machte den
Lykurg rasend. In dieser Raserey schlug er seinen Sohn
Dryas mit der Art todt, indem er glaubte, er beschnitte
eine Weinrebe. Er kam endlich wieder zu Verstande,
als er sich die äussersten Glieder seines Körpers abhiebe.

Bey der anhaltenden Unfruchtbarkeit der Erde sagte
das Orakel, sie würde fruchtbar werden, wenn Lykurg
gestorben seyn würde. Die Edonen erfuhren dies, führ=
ten ihn auf das Pangäische Gebürg, und fesselten ihn;
worauf er dann nach dem Willen des Bacchus von Pfer=
den zerrissen wurde.

Nachdem Bacchus Thrazien und ganz Indien durch=
reiset und Denksäulen daselbst errichtet hatte; so kam er
nach Theben, wo er die Weiber nöthigte, ihre Wohnun=
gen zu verlassen und auf dem Cithäron bacchantisch her=
um zu schwärmen.

Pentheus hingegen, ein Sohn der Agave und
des Echion, dem Kadmus das Königreich hinterlassen
hatte, widersetzte sich diesem Vorhaben. Er gieng des=
wegen auf den Cithäron, um die Bacchantinnen aufzu=
suchen: allein, seine eigene Mutter, Agave, zerstüm=

melte

melte ihn in der Raserey, indem sie ihn für ein wildes
Thier gehalten hatte.

Bacchus hatte nunmehr den Thebanern gezeigt, daß
er ein Gott sey, und gieng hierauf nach Argos. Allein
auch hier erzeigte man ihm nicht die gebührende Ehre.
Er machte deswegen die Weiber rasend, die dann auf den
Gebürgen das Fleisch ihrer säugenden Kinder verzehrten.

Als Bacchus von Ikarien nach Naxos überfahren
wollte; so miethete er sich auf einem Tyrrhenischen Raub=
schiffe ein. Die Räuber nahmen ihn ein, fuhren aber
vor Naxos vorbey, und seegelten nach Asien, wo sie ihn
verkaufen wollten. Allein er machte Schlangen aus dem
Mastbaume und aus den Rudern, und erfüllte das Schiff
mit Epheu und einer Pfeiffenmusik. Die Räuber wur=
den hierüber wahnwitzig, stürzten sich in die See, und
wurden in Delphinen verwandelt.

Die Menschen verehrten hierauf den Bacchus, nach=
dem sie ihn als einen Gott kennen gelernt hatten. Er
brachte nachher seine Mutter aus dem unterirrdischen Rei=
che, nennte sie Thyone, und gieng mit ihr in den
Himmel.

Kadmus und Harmonia verliessen Theben, und
kamen zu den Enchelier. Diese führten mit den Illy=
riern Krieg, und bekamen ein Orakel, sie würden die
Illyrier bezwingen, wenn sie den Kadmus und die
Harmonia zu Anführern nehmen würden. Sie gehorch=
ten, machten sie zu Anführern wider die Illyrier, und sieg=
ten. Kadmus wurde hierauf König der Illyrier, und
zeugte einen Sohn, den er Illyrius nennte. Bald
hernach wurde er nebst der Harmonia in einen Dra=
chen verwandelt, und von dem Jupiter in die Elysäi=
schen Felder geschickt.

Poly=

Polydorus wurde König zu Theben, und vermählte sich mit der Nykteis, einer Tochter des Nykteus, der ein Sohn des Chthonius war. Er zeugte mit ihr den Labdakus. Dieser kam nach dem Pentheus um, weil er einerley Denkungsart mit ihm hegte.

Labdakus hatte einen Sohn von einem Jahre, den Lajus, hinterlassen, während dessen Minderjährigkeit Lykus, ein Bruder des Nykteus, sich der Regierung anmassete. Beyde flohen aus Euböa, weil sie den Phlegyas, einen Sohn des Mars und der Chryse, einer Böotierin, getödtet hatten, und suchten ihren Aufenthalt in Syrien, wo sie auch wegen ihrer Verwandschaft mit dem Pentheus das Bürgerrecht erhielten.

Lykus wurde hernach von den Thebanern zum Feldherrn erklärt und ihm die Verwaltung des Königreichs aufgetragen. Nachdem er zwanzig Jahre regiert hatte, wurde er folgender Ursache wegen von dem Zethus und Amphion umgebracht.

Antiope war eine Tochter des Nykteus, und wurde vom Jupiter geliebt. Als sie schwanger ward, flohe sie für den Drohungen ihres Vaters nach Sicyon zum Epopeus, und heurathete ihn. Nykteus wird bekümmert, und tödtet sich selbst, weil er dem Lykus den Auftrag gegeben, ihn an dem Epopeus und an der Antiope zu rächen. Dieser aber ziehet zu Felde, nimmt Sicyon ein, tödtet den Epopeus, und nimmt die Antiope gefangen, die auf der Reise zu Eleutherä in Böotien Zwillinge zur Welt bringet. Man setzt die Kinder weg, ein Hirte findet sie, und ziehet sie auf. Das eine wird Zethus und das andere Amphion genennet. Zethus

thus beschäftigte sich mit der Viehweide: **Amphion** aber
lernte die Leyer spielen, nachdem ihm **Merkur** eine ge=
schenkt hatte.

Lykus und seine Gemahlin **Dirce** peinigten unter=
deßen die **Antiope** im Gefängniße. Endlich aber löse=
ten sich ihre Feßeln von selbst auf, und sie kam heimlich
zur Wohnung ihrer Söhne, von denen sie aufgenommen
zu werden verlangte. Diese erkennen ihre Mutter, und
tödten den **Lykus.** Die **Dirce** aber binden sie mit den
Haaren an einen Stier, tödten sie, und werfen sie in
eine Quelle, die von ihr den Namen **Dirce** erhielte. Sie
übernahmen hernach die Regierung, und führten eine
Mauer um die Stadt, wobey die Steine durch die Leyer
des **Amphion** folgsam gemacht wurden. Den **Lajus**
verstießen sie. Er hielt sich hernach im Peloponnes auf,
und wurde von dem **Pelops** bewirthet, deßen Sohn
Chrysippus er entführte, als er ihn im Wagenrennen
unterrichtete und sich in ihn verliebt hatte.

Zethus heurathete die **Thebe,** nach welcher die Stadt
Theben benennet wurde. **Amphion** aber nahm die
Niobe, eine Tochter des **Tantalus.** Diese gebahr ihm
sieben Söhne: **Sipylus, Minytus, Ismenus, Da=**
masichthon, Agenor, Phädimus, Tantalus; und
eben so viele Töchter: **Ethodäa,** oder nach andern,
Thera, Kleodora, Astyoche, Phthia, Pelopia,
Asinkratea, Ogygia. **Hesiodus** zählet zehen Söhne
und zehen Töchter. **Herodotus,** zwey Knaben und
drey Mägbchen. **Homer,** sechs Söhne und sechs
Töchter.

Niobe

Niobe war also kinderreich *), und behauptete,
sie wäre in diesem Stücke noch reicher, als Latona. Die
über dieses Vorgeben aufgebrachte Latona reitzte die
Diana und den Apollo zum Zorn wider Nioben und
ihre Kinder. Diana erschoß die Mägdchen in ihrem
Hause. Die Söhne aber wurden alle ohne Ausnahme
auf dem Berge Cithäron, wo sie jagten, vom Apollo
getödtet. Von den Jünglingen wurde jedoch (andern
Nachrichten zu Folge **) Amphion erhalten, und von
den Mägdchen, Chloris, welches das älteste und mit
dem Neleus verheurathet war. Nach dem Telesillas
aber kamen Amykla und Meliböa davon; Zethus
aber und Amphion wurden gleichfalls erlegt.

Niobe selbst verließ Theben, und kam zu ihrem Vater Tantalus nach Sipylus, wo sie auf ihr Bitten vom
Jupiter in einen Stein verwandelt wurde. Dieser Stein
vergiesset Tag und Nacht Thränen.

Nach dem Tode des Amphion übernahm Lajus die
Regierung, und vermählte sich mit der Tochter des Menöceus, welche einige Jokaste, andere Epikaste nennen. Durch einen Orakelspruch gewarnt wollte er keine
Kinder zeugen; denn es wird, so sagte das Orakel, ein
Vatermörder daraus entstehen. Allein Lajus betrank
sich einsmahls, und schlief bey seiner Gemahlin. Das
Kind, das sie gebahr, gab er einem Hirten wegzusetzen,
der die Knöchel desselben mit Schnallen durchstach. So
ließ

*) Ich habe kein schicklicheres Wort zu dem schönen Griechi-
schen Εὔτεκνος finden können.

**) Dieser Zusatz schien mir, zur Vermeidung eines Widers-
spruchs mit dem Vorhergehenden, nothwendig.

ließ er ihn auf dem Cithäron. Allein, die Hirten des Polybus, Königs der Korinthier, fanden das Kind, und brachten es zu seiner Gemahlin Periböa, die es annahm und als das ihrige erzog. Sie heilte ihm die Knöchel, und nennte es Oedipus, wegen seiner geschwollenen Füsse.

Als der Knabe erwachsen war und die mit ihm erzogenen Jünglinge an Stärke übertraf; so schimpften sie ihn aus Neid, und nennten ihn einen Untergeschobenen. Er fragte deswegen die Periböa, konnte aber nichts von ihr erfahren. Er gieng hierauf nach Delphi, um sich wegen seiner eigentlichen Eltern zu erkundigen. Apollo gab ihm den Rath, nicht wieder in sein Vaterland zurückzukehren, weil er seinen Vater tödten und bey seiner Mutter schlafen würde.

Auf diese Nachricht verließ er Korinth, weil er glaubte, die angeführten Personen wären seine Eltern. Er fuhr auf einem Wagen durch die Landschaft Phocis, und begegnete in einem engen Wege dem auf einem Wagen sitzenden Lajus und dem Polyphontes, dem Herolde des Lajus. Man befahl dem Oedipus, auszuweichen, weil er aber nicht gehorchte, sondern verzögerte, so tödtete man eines von seinen Pferden; worauf Oedipus den Polyphontes und Lajus erschlug. Dann kam er nach Theben.

Lajus wurde vom Damasistratus, dem Könige der Platäenser, begraben; und Kreon, ein Sohn des Menöceus, erhielt das Königreich. Theben wurde unter seiner Regierung von einem nicht geringen Uebel geplagt. Denn Juno schickte die Sphinx zu ihnen, die von der Echidna und vom Typhon gezeugt war. Sie hatte

$\mathfrak{H}$ 4 das

das Gesicht eines Frauenzimmers, die Brust, die Füsse und den Schwanz eines Löwen, und die Flügel eines Vogels. Sie hatte von den Musen Räthsel gelernt, und saß auf dem Phiceischen Berge, wo sie den Thebanern folgendes Räthsel vorlegte: Was hat nur eine Stimme, und wird vierfüßig, zweyfüßig, und dreyfüßig?

Das Orakel hatte den Thebanern gesagt, dann würden sie von der Sphinx befreyet werden, wenn sie dies Räthsel würden aufgelöset haben. Sie kamen deswegen oft zusammen, und forscheten nach dem Sinn dieses Ausspruches. Als sie ihn aber nicht finden konnten, raubte Sphinx einen von ihnen, und fraß ihn. So kamen viele um und zuletzt auch Aemon, der Sohn des Kreon. Kreon ließ daher bekannt machen, derjenige, der das Räthsel auflösen würde, sollte das Königreich und die Gemahlin des Lajus zur Belohnung empfangen.

Oedipus erfuhr dies, und lösete es auf. Denn, sagte er, das von der Sphinx vorgelegte Räthsel bedeutet den Menschen; dieser wird als ein Kind vierfüßig gebohren, indem es auf vier Gliedern gehet; ist der Mensch erwachsen, so ist er zweyfüßig; kommt er ins Alter, so nimmt er sich noch einen dritten Fuß, den Stab. Sphinx stürzte sich hierauf selbst von der Anhöhe herab. Oedipus aber erhielt das Königreich, und vermählte sich, ohne daß er es wußte, mit seiner Mutter. Er zeugte auch zwey Söhne mit ihr, den Polynices und Eteokles, und zwey Töchter, die Ismene und Antigone. Andere sagen, die Mutter dieser Kinder wäre Euryganea, eine Tochter des Hyperphantes.

Endlich

Endlich kamen die Geheimnisse an Tag, und Jo=
kaste erhängte sich selbst mit einem Strick. Oedipus
wurde seiner Augen beraubt, und aus Theben gejagt.
Er verwünschte bey dieser Gelegenheit seine Söhne, weil
sie bey seiner Vertreibung müßige Zuschauer abgegeben
und ihn nicht vertheidiget hatten. Mit der Antigone
kam er nach Kolonus in Attika, wo ein Hain der Eu=
meniden befindlich ist, und wo er sich, als ein um Ver=
zeihung Bittender, hinsetzte. Er wurde endlich vom
Theseus aufgenommen, und starb nicht lange hernach.

Cap. 6.

Eteokles und Polynices machten wegen der Verwal=
tung des Reichs einen Vertrag mit einander, ver=
möge dessen ein ieder ein Jahr um das andere regieren
sollte. Einige erzählen, Polynices habe angefangen,
zu regieren, und dem Eteokles nach Verlauf eines
Jahres die Regierung übergeben. Andere hingegen las=
sen den Eteokles zuerst regieren, und behaupten, er habe
die Regierung nicht niederlegen wollen.

Polynices wurde also aus Theben vertrieben, und
kam nach Argos, nachdem er den Halsschmuck und das
Peplum mit sich genommen *). Adrast, der Sohn des
Talaus, war damahls König zu Argos. Polynices
kam zu Nacht bey dem königlichen Pallast an, wo er mit
dem Tydeus, dem Sohne des Oeneus, der von Ka=
lydon dahin geflohen war, in einen Streit gerieth.
Plötzlich erhob sich ein Geschrey; Adrast erschien, und
brachte sie aus einander. Es fiel ihm zugleich die Pro=

H 5 phezeyhung

---

*) Wovon vorher S. 111. die Rede war.

phezeyhung ein, seine Töchter mit einem wilden Schweine und einem Löwen zu verbinden, und wählte sie deswegen beyde für die Mägdchen zu Bräutigamen. Denn der eine hatte auf seinem Schilde das Gesicht eines wildten Schweins, und der andere, eines Löwens.

Tydeus vermählte sich also mit der **Deipyle**, und **Polynices** mit der **Argia.** Adrast versprach beyden, sie wieder in ihr Vaterland zu bringen. Zuerst wurde ein Feldzug wider Theben beschlossen, wozu er die Tapfersten versammlete.

Der Wahrsager **Amphiaraus,** ein Sohn des Oikles, sahe vorher, daß alle in diesem Feldzuge bleiben würden, ausgenommen Adrast. Er hatte daher keine Lust, mit zu ziehen; er widerrieth es auch den übrigen.

Polynices gieng deswegen zur **Iphis,** einer Tochter des Alektor, und bat sie um Unterricht, wie er den Amphiaraus bewegen könnte, mit in den Krieg zu gehen. Diese antwortete, wenn Eriphyle den Halsschmuck annehmen würde. Amphiaraus verbot daher der Eriphyle *), Geschenke vom Polynices anzunehmen. Allein Polynices gab ihr den Halsschmuck, und bat sie, den Amphiaraus zum Feldzuge zu bereden; es käme blos auf sie an. Denn als Amphiaraus den zwischen ihm und dem Adrast entstandenen Streit schlichten wollte, schwur er beym Weggehen, daß alle künftige Streitigkeiten, die zwischen ihnen vorfallen würden, von der Eriphyle beygelegt werden sollten **). Als nun Theben bekriegt werden

---

*) seiner Gemahlin.

**) Eine verdorbene Stelle, die ich nach dem Sinn der übrigen Fabelgeschichte übersetzt habe!

den sollte, und Adrast den Amphiaraus darzu ver=
mahnte, dieser aber sich weigerte; so beredete Eriphyle,
die den Halsschmuck angenommen, ihren Mann *) zum
Kriege. Weil sich nun Amphiaraus gezwungen sahe,
so gab er seinen Kindern den Befehl, ihre Mutter zu töd=
ten, und mit vor Theben zu gehen.

Nunmehr hatte Adrast die Armee mit ihren sieben
Feldherrn versammlet, und eilte, Theben zu bekriegen.
Diese Feldherrn hiessen: Adrast, der Sohn des Talaus,
Amphiaraus, der Sohn des Oikles, Kapaneus, der
Sohn des Hipponous, Hippomedon, der Sohn des
Aristomachus, oder, nach andern, des Talaus. Diese
waren aus Argos gebürtig. Polynices, der Sohn des
Oedipus, aus Theben; Tydeus, der Sohn des De=
neus, aus Aetolien; Parthenopäus, der Sohn des
Melanion, aus Arkadien. Einige rechnen den Tydeus
und Polynices nicht darzu; sondern setzen dafür den
Eteoklus, den Sohn des Iphius, und den Mecisteus.

Als sie nach Nemea kamen, wo Lykurg König war,
verlangten sie Wasser. Hypsipyle, aus Lemnus, wieß
ihnen den Weg zu einer Quelle, nachdem sie ein kleines
Kind, den Sohn der Eurydice und des Lykurg, den
sie erzog, zurückgelassen hatte. (Denn als die Frauen
zu Lemnus erfahren hatten, daß sie den Thoas, ihren
Vater erhalten, so tödteten sie ihn, und verkauften die
Hypsipyle. Zu Erhaltung ihres Lebens diente sie also
dem Lykurg). Indem sie nun die Quelle zeigen wollte,
wurde das zurückgelassene Kind von einem Drachen um=
gebracht. Die Bedienten des Adrast tödten sogleich den
Drachen, und begraben das Kind. Amphiaraus gab
dies

---

*) Nach der Verbesserung des Gale.

dies für eine Vorbedeutung an, woraus auf den Aus=
gang der Sachen zu schliessen wäre. Den Knaben nenn=
ten sie Archemorus, und hielten ihm zu Ehren zu Ne=
mäa Wettspiele. Abrast siegte dabey mit dem Pferde;
Eteoklus, im Laufen; Tydeus, im Faustschlagen;
Amphiaraus, im Wagenrennen und mit der Wurf=
scheibe; Laodokus, mit dem Wurfspiesse; Polynices,
im Ringen; und Parthenopäus im Bogenschiessen.

Als sie an den Berg Cithäron kommen, schicken sie
den Tydeus ab, um den Eteokles vorher zu fragen, ob
er dem Polynices, vermöge des Vertrags, die Regierung
abtreten wolle. Eteokles würdigte ihn keiner Aufmerk=
samkeit. Um nun mit den Thebanern einen Versuch zu
machen, forderte Tydeus einen ieden heraus, und über=
wand einen nach dem andern. Bey seiner Abreise legten
sie funfzig gewaffnete Männer im Hinterhalt. Er tödtete
sie aber alle, bis auf den einzigen Mäon. Dann kam
er wieder zu der Armee.

Die Argiver rüsteten sich hierauf, und zogen vor die
Mauern. Die Stadt hatte sieben Thore. Abrast stand
vor dem Homoloidischen Thore; Kapaneus, vor dem
Ogygischen; Amphiaraus, vor dem Prötischen; Hip=
pomedon, vor dem Onkaidischen; Polynices, vor dem
Hypsistischen; Parthenopäus vor dem Elektrischen;
Tydeus, vor dem Krenidischen.

Eteokles bewaffnete unterdessen die Thebaner, er=
wählte eben so viele Anführer, als die Argiver hatten,
und fragte die Wahrsager um Rath, wie man die Feinde
überwinden könnte.

Es hielt sich damahls bey den Thebanern ein Wahrsager auf, Namens Tiresias, ein Sohn des Everes und der Nymphe Chariklo. Er stammte von dem Geschlechte des Udäus, eines Sparten *), ab, und war blind. Man spricht verschieden von seiner Blindheit und von seiner Wahrsagerkunst. Einige sagen, die Götter hätten ihn geblendet, weil er den Menschen entdeckt, was sie geheim halten wollten. Pherecydes aber erzählt, Minerva habe ihn blind gemacht. Denn weil Chariklo eine Vertraute der Minerva war, so hätte Tiresias Gelegenheit gehabt, sie ganz nackend zu sehen; die Göttin habe ihm deswegen mit ihren Händen der Augen beraubt, und ihn blind gemacht; von der Chariklo wäre sie gebeten worden, ihm sein Gesicht wiederherzustellen; weil ihr aber dies ohnmöglich gewesen, so habe sie ihm die Ohren gereiniget, so, daß er alle Stimmen der Vögel habe verstehen können; er wäre auch von ihr mit einem blauen Stab beschenket worden, durch dessen Hülfe er, so gut, wie ein Sehender, gehen konnte.

Hesiodus sagt, er habe bey Cyllene zwey sich pgarende Schlangen gesehen, und sie verwundet, worauf er aus einem Manne eine Frau worden wäre. Nachher habe er eben diese Schlangen wieder sich paaren erblickt, und wäre ein Mann worden. Daher sey es gekommen, daß ihn Juno und Jupiter zum Schiedsrichter wählten, als sie uneinig mit einander waren, ob das Frauenzimmer oder die Mannsperson beym Genuß der Liebe mehr Vergnügen empfände? Tiresias habe geantwortet, von neunzehn Theilen der Wollust empfinde der Mann neune,

und

---

*) Oder eines solchen, der von den gesäeten Zähnen des Kadmus entstanden war.

und die Frau, zehen. Juno habe ihn deswegen geblen=
det: Jupiter hingegen ihm die Gabe zu prophezeyhen
verliehen. Nach andern soll Tiresias zum Jupiter
und zur Juno gesagt haben:

Eine neunfache Empfindung durchströmet die
Seele des Mägdchens, wenn ihr Geliebter sie
umarmt, den unterdes nur eine einzige begeistert.

Tiresias wurde auch sehr alt. Als er nun den
Thebanern ihr Schicksal prophezeyhete, sagte er, sie wür=
den siegen, wenn sich Menöceus, der Sohn des Kreon,
selbst dem Mars zum Opfer darbieten würde. Kaum
hatte dies Menöceus, (der Sohn des Kreon) erfahren,
so opferte er sich selbst vor den Thoren der Stadt. Bey
dem darauf erfolgten Treffen wurden die Kadmäer bis
an die Thore verfolget. Kapaneus ergriff sogar eine
Leiter, und bestieg damit die Mauern. Allein Jupiter
erschlug ihn mit dem Blitze.

Nach diesem Vorfalle ergriffen die Argiver die Flucht,
wobey viele umkamen. Beyde Armeen wurden hierauf
einig, daß Eteokles und Polynices wegen des König=
reichs einen Zweykampf halten sollten. Dies geschah,
und sie tödteten einander.

Es erfolgte abermahls ein heftiges Treffen, wobey
sich die Söhne des Astakus am tapfersten bewiesen.
Denn Ismarus tödtete den Hippomedon; Leades,
den Eteoklus; Amphidikus den Parthenopäus.
Euripides hingegen sagt, Periklymenus, ein Sohn
des Neptun, habe den Parthenopäus umgebracht.
Menalippus, der jüngste unter diesen Söhnen, ver=
wundete den Tydeus in den Unterleib. Als er nun halb
tobt

todt da lag, bat Minerva den Jupiter um eine Arzney,
woduch sie ihn unsterblich machen wollte. Amphiaraus,
der dies merkte, und den Tydeus haßte, weil er von ihm
wider seinen Willen war überredet worden, mit den Argi-
vern vor Theben zu gehen, gab ihm den abgehauenen
Kopf des Menalippus. Tydeus rächete sich an ihm,
weil er von ihm war verwundet worden, nahm das Hirn
heraus, und verschluckte es. Minerva sahe dies,
wurde unwillig darüber, und entzog ihm die zugedachte
Wohlthat.

Amphiaraus flohe bey dem Fluß Ismenus vor den
Periklymenus. Ehe ihn aber dieser verwunden konnte,
schoß Jupiter einen Blitz ab, und spaltete die Erde.
Amphiaraus fuhr nebst seinem Fuhrmanne, dem Baton,
oder, wie ihn andere nennen, dem Elatton, hinein,
und verschwand. Jupiter machte ihn unsterblich.
Adrast wurde durch sein Pferd Arion gerettet, welches
Neptun mit der Ceres, die die Gestalt einer Furie angenommen, gezeugt hatte.

Cap. 7.

Kreon erlangte also das Königreich Theben, und ließ
die Leichname der Argiven unbegraben liegen. Er
ließ deswegen öffentlich ausrufen, daß sie niemand begraben möchte, und stellte Hüter dazu. Antigone, die
einzige noch lebende Tochter des Oedipus, stahl aber doch
heimlich den Körper des Polynices, und begrub ihn.
Kreon ließ sie gefangen nehmen und lebendig ins Grab
werfen.

Adrast kam nach Athen, und nahm seine Zuflucht
zum Altar der Barmherzigkeit; er bezeugte seine Reue,

und

und bat um das Begräbniß der Todten. Die Athenienser rüsteten sich hierauf unter dem **Theseus** zum Kriege
wider Theben, eroberten es, und erlaubten, daß die Todten von ihren Landsleuten begraben wurden. Als der
Scheiterhaufen des **Kapaneus** brannte, stürzte sich seine
Gemahlin **Evadne**, eine Tochter des **Iphis**, hinein und
verbrannte mit ihm.

Nach zehen Jahren beschlossen die Söhne der Umgekommenen, die man **Epigonen** *) nennte, Theben zu bekriegen, und den Tod ihrer Väter zu rächen. Sie fragten vorher das Orakel um Rath, und **Apollo** versprach
ihnen den Sieg, wenn sie den **Alkmäon** zum Anführer
wählen würden. **Alkmäon** wollte zwar die Armee nicht
eher anführen, bis seine Mutter umgebracht wäre: allein
endlich gieng er doch mit zu Felde. Denn **Eriphyle**
hatte vom **Thersander**, dem Sohne des **Polynices**, den
Halsschmuck und das **Peplum** erhalten, und beredete also
auch ihre Kinder, in den Krieg zu gehen.

Die Argiver wählten demnach den **Alkmäon** zu ihrem Anführer, und bekriegten Theben. Ihre Generale
hiessen : **Alkmäon** und **Amphilochus**, Söhne des
Amphiaraus; **Aegialeus**, der Sohn des **Adrast**;
Diomedes, der Sohn des **Tydeus**; **Promachus**,
der Sohn des **Parthenopäus**; **Sthenelus**, der Sohn
des **Kapaneus**; **Thersander**, der Sohn des **Polyni-**
ces; **Eurypylus**, der Sohn des **Mecyteus**.

Zuerst verwüsteten sie die herumliegenden Flecken:
allein die Thebaner rückten ihnen unter Anführung des
Laodamas, eines Sohns des **Eteokles**, entgegen, und
hielten sich sehr tapfer. **Laodamas** tödtete den **Aegialeus**:

Alk-

---

*) Nachkommen.

Alkmäon aber den Laodamas. Sobald dieser geblieben war, zogen sich die Thebaner in die Mauern zurück.

Tiresias gab ihnen den Rath, einen Herold wegen
der Uebergabe an die Argiver zu schicken, und unterdessen
die Flucht zu ergreifen. Dies geschah. Sie setzten ihre
Kinder und Weiber auf Fuhrwerke, und verliessen die
Stadt. Als sie zu Nacht an die Telphussische Quelle ka-
men, trank Tiresias daraus, und endigte sein Leben.
Nach langen Herumirren baueten die Thebaner die Stadt
Hestiäa, und bewohnten sie.

Endlich wurden die Argiver die Flucht der Thebaner
gewahr, giengen in die Stadt, machten Beute, und rissen
die Mauern nieder. Einen Theil der Beute nebst der
Manto, der Tochter des Tiresias, schickten sie nach Delphi an den Apollo. Denn sie hatten ihm gelobet, das
kostbarste von der Beute zu weihen, wenn sie Theben einnehmen würden.

Nach der Einnahme von Theben erfuhr Alkmäon,
daß seine Mutter Eryphyle auch seinetwegen Geschenke
angenommen habe. Er wurde deswegen noch zorniger,
und tödtete auf Einwilligung des Apollo seine Mutter.
Einige gaben vor, er habe mit Beyhülfe seines Bruders
Amphilochus Eriphylen umgebracht. Andere hingegen lassen ihn diese That allein verüben.

Nach vollbrachtem Muttermord fuhr eine Furie in
den Alkmäon, wovon er rasend wurde, und zuerst nach
Arkadien zum Oikles, und von da nach Psophis zum
Phegeus kam. Von diesem wurde er gereiniget, und
bekam seine Tochter Arsinoe zur Ehe, die von ihm den
Halsschmuck und das Peplum erhielte.

J   Dieser

Dieſer Urſache wegen entſtand in der Folge eine Un=
fruchtbarkeit der Erde, worüber das Orakel folgenden
Ausſpruch that: Alkmäon müſſe zu dem (Fluß) Ache=
lous reiſen, und bey ihm eine Stadt anlegen.

Er kommt alſo zuerſt zum Oeneus nach Kalydon,
und wird von ihm bewirthet. Hierauf begiebt er ſich zu
den Thesproten, die ihn aber nicht über die Gränze kom=
men laſſen. Endlich erreicht er die Quellen des Ache=
lous, wird von ihm gereiniget, und heurathet ſeine Toch=
ter Kallirrhoe. Er bauete hernach eine Stadt an dem
Orte, den Achelous erhöhet hatte, und bewohnte ſie.

Bald darauf wollte Kallirrhoe gerne den Hals=
ſchmuck und das Peplum haben, mit dem Zuſatze, wenn
ſie es nicht bekäme, ſo wollte ſie nicht bey ihm ſchlafen.
Alkmäon gieng deswegen wieder nach Pſophis, und ſagte
zum Phegeus, er habe einen Orakelſpruch, vermöge deſ=
ſen er von ſeiner Raſerey würde befreyet werden, wenn er
den Halsſchmuck und das Peplum nach Delphi bringen
würde. Dieſer glaubte es, und gab es ihm. Kaum aber
hatte Phegeus von ſeinen Bedienten erfahren, daß er
es der Kallirrhoe überbrächte; ſo ließ er ihn von ſeinen
Söhnen, Temenus und Axion, hinterliſtig umbringen.
Arſinoe, die hierüber in Unwillen gerieth, wurde von den
Söhnen des Phegeus in einen Kaſten geſperrt, und nach
Tegea zum Agapenor gebracht, indem ſie ihr Schuld ga=
ben, ſie hätte den Alkmäon hingerichtet.

Nachdem Kallirrhoe den Untergang des Alkmäon
erfahren hatte; ſo erlangte ſie die Gunſt des Jupiters,
und bat ihn, er möchte die von ihr mit dem Alkmäon
erzeugten Kinder gleich erwachſen werden laſſen, damit ſie
den

den Mord ihres Vaters rächen könnten. Sogleich wurden die Knaben groß, und giengen auf die Rache ihres Vaters aus.

Um eben diese Zeit, als die Söhne des **Phegeus,** **Pronous** und **Agenor** den Halsschmuck und das Peplum nach Delphi trugen, um es dem Apollo zu widmen, kehrten die Söhne des **Alkmäon, Amphoterus** und **Akarnan** beym **Agapenor** ein, und erschlugen die Mörder ihres Vaters.

Hierauf giengen sie nach Psophis in die königliche Burg, und tödteten den **Phegeus** und seine Gemahlin. Man verfolgte sie aber bis nach Tegea, wo ihnen die Tegeenser und einige Argiver zu Hülfe kamen, die Psophidier in die Flucht trieben, und sie also retteten.

Sie erzählten hierauf diese Vorfälle ihrer Mutter, und brachten auf Befehl des **Achelous** den Halsschmuck nebst den **Peplum** nach Delphi, und widmete es dem **Apollo.**

Nachher giengen sie nach Epirus, sammelten Colonisten, und baueten Akarnanien an. **Euripides** hingegen erzählt, **Alkmäon** habe während seiner Raserey mit der **Manto,** der Tochter des **Tiresias,** zwey Kinder gezeugt, den **Amphilochus** und die **Tisiphone;** die Kinder wären hierauf nach Korinth zum **Kreon,** dem König der Korinthier, gebracht und ihm zur Erziehung anvertrauet worden; **Tisiphone** wäre von einer aussordentlichen Schönheit gewesen, und von der Gemahlin des **Kreon** verkauft worden, weil sie befürchtet, **Kreon** möchte sie zu seiner Gemahlin wählen; **Alkmäon** habe sie gekauft, und nicht gewußt, daß er seine Tochter zur Sclavin habe;

J 2   enblich

endlich wäre er nach Korinth gekommen, um seine Kinder abzufordern, und habe auch seinen Sohn mit sich genommen.

Amphilochus bewohnte nach dem Orakel des Apollo das Amphilochische Argos.

Cap. 8.

Nun kommen wir wieder zum Pelasgus, den Akusilaus, wie wir schon erinnert, für einen Sohn des Jupiters und der Niobe ausgiebt: Hesiodus hingegen, für einen Autochthon. Dieser zeugte mit der Meliböa, einer Tochter des Oceans, oder, nach andern, mit der Nymphe Cyllene, einen Sohn, mit Namen Lykaon.

Dieser Lykaon war König in Arkadien, und hatte mit verschiedenen Weibern funfzig Söhne gezeugt, nämlich:

Mänalus, Thesprotus, Helix, Nyktimus, Peucetius, Kaukon, Mecisteus, Opleus, Makareus, Macednus, Horus, Polichus, Akontes, Euämon, Ancyor, Archebates, Karteron, Aegäon, Pallas, Eumon, Kanethus, Prothous, Linus, Korethon, Mänalus, Teleboas, Physius, Phassus, Phthius, Lycius, Alipherus, Genetor, Bukolion, Sokleus, Phineus, Eumetes, Harpaleus, Portheus, Platon, Aemon, Cynäthus, Leon, Harpalykus, Heräeus, Titomas, Mantinus, Kletor, Stymphalus, Orchomenus, und Nyktimus der jüngere.

Diese übertrafen alle Menschen an Stolz und Gottlosigkeit. Diese Gottlosigkeit wollte Jupiter prüfen
und

und kam deswegen unter der Gestalt eines Arbeitsman=
nes zu ihnen. Sie nahmen ihn als einen Gastfreund
auf, schlachteten eines von den Kindern ihrer Nachbarn,
mischten seine Eingeweide unter das Opfer, und setzten
davon auf den Speisetisch, wozu der ältere Bruder,
Mänalus, den Rath gegeben hatte. Jupiter hatte
einen Abscheu dagegen, und warf den Tisch um, an
dem Orte, der noch ietzt davon Trapezus *) genennt
wird. Den Lykaon selbst und seine Söhne, Nyktimus
den jüngsten ausgenommen, tödtete er mit dem Blitze.
Tellus streckte endlich ihre Hände aus, und berührte die
Rechte des Jupiters, wodurch sein Zorn besänftiget
wurde.

Als Nyktimus zur Regierung gelangte, erfolgte
die Ueberschwemmung des Deukalion. Einige sagen,
sie sey wegen der Gottlosigkeit der Söhne des Lykaon
entstanden.

Eumelus und einige andere erzählen, Lykaon habe
auch eine Tochter, mit Namen Kallisto, gezeuget. He=
siodus aber giebt sie für eine von den Nymphen aus;
Asius, für eine Tochter des Nykteus; Pherecydes,
für eine Tochter des Kreteus. Diese Kallisto war eine
Jagdgefährtin der Diana, trug auch ein solches Kleid,
und schwur ihr, eine Jungfer zu bleiben. Allein, Ju=
piter verliebte sich in sie, und beschlief sie wider ihren
Willen, nachdem er, wie einige sagen, die Gestalt der
Diana, nach andern, die Gestalt des Apollo ange=
nommen hatte.

Jupiter wollte sie gerne für der Juno verbergen,
und verwandelte sie deswegen in eine Bärin. Juno
J 3   hin=

*) von τραπεζα, der Tisch.

hingegen brrebete die Diana, sie als ein wildes Thier niederzuschiessen. Einige sagen auch, Diana habe sie erschossen, weil sie ihre Jungfrauschaft habe verletzen lassen.

Nach dem Tode der Kallisto nahm Jupiter das Kind, gab es der Maja in Arkabien zu erziehen, und nennte es Arkas. Die Kallisto aber versetzte er unter die Sterne, und gab ihr den Namen Arktos.

Cap. 9.

Arkas zeugte mit der Leanira, der Tochter des Amyklas, oder mit der Meganira, der Tochter des Krokon, oder, wie Eumelus erzählt, mit der Nymphe Chrysopea, zwey Kinder, den Elatus und Aphidas, die das Land unter sich theilten, iedoch so, das Elatus die Oberherrschaft erhielte.

Elatus zeugte mit der Laodice, der Tochter des Cinyras, den Stymphalus und Pereus: Aphidas hingegen, den Aleus und die Sthenebôa, welche Prôtus heurathete.

Aleus und Neâra, die Tochter des Pereus, zeugten eine Tochter, Auge, und zwey Söhne, Cepheus und Lykurg. Auge wurde vom Herkules schwanger, und verbarg ihr Kind in dem Haine der Minerva, deren Priesterin sie war.

Es entstand hierauf eine Unfruchtbarkeit der Erde. Die Orakel wurden befragt, und man erfuhr, daß in dem Haine der Minerva etwas Unheiliges wäre. Der Vater fand das Mägdchen, und übergab sie dem Nauplius, der sie tödten sollte.

Von

Von dem Nauplius bekam sie Teuthras, ein Herr in Mysien, der sie zu seinem Willen brauchte, und das mit ihr erzeugte Kind auf dem Parthenischen Berg aus= setzte, wo es von einer Hindin ernährt wurde. Es be= kam hernach den Namen Telephus, und wurde von den Hirten des Korythus erzogen, welcher sich nach sei= nen Eltern erkundigte, und deswegen nach Delphi kam. Nach erhaltenen Orakelspruch kam er nach Mysien, und Teuthras erkannte ihn für seinen Sohn, und nach seinem Tode wurde er der Erbe seiner Herrschaft.

Die Kinder des Lykurgs und der Kleophile oder Eurynome hiessen Ancäus, Epochus, Amphidamas und Idäus. Der Sohn des Amphidamas hieß Milanion, und seine Tochter, Antimache, die die Gemahlin des Eurystheus wurde.

Jasus und Klymene, die Tochter des Minyas, zeugten die Atalante. Weil aber ihr Vater lieber Söhne gehabt hätte, so ließ er sie wegsetzen. Eine Bärin säugte sie so lange, bis sie von Jägern gefunden und erzogen wurde.

Als Atalante erwachsen war, so blieb sie eine Jung= fer, und jagte in einsamen Gegenden, wo sie sich bestän= dig gewaffnet aufhielte. Die Centauern, Rhöcus und Hyläus wollten sie zwar mit Gewalt zwingen: allein, sie schoß sie mit Pfeilen, daß sie starben.

Atalante kam hernach nebst den Tapfersten zu der Jagd des Kalydonischen Schweins, und zu dem Wettstreit, der dem Pelias zu Ehren angestellet ward, wobey sie mit dem Peleus gerungen und den Preiß davon getra= gen hat.

J 4 Endlich

Endlich fand sie ihre Eltern, und wurde von ihrem
Vater zum Heurathen beredet. Sie gieng hierauf in
die Laufbahn, und schlug daselbst einen Pfahl ein, drey
Cubitus hoch. Ihre Freyer mußten alsdann mit ihr
um die Wette laufen, wobey sie gewaffnet war. Wer
nun von ihr überwunden wurde, mußte sterben; wer sie
aber überwinden würde, sollte sie zur Gemahlin haben.

Viele waren schon bey dieser Gelegenheit umgekommen; bis endlich Milanion in sie verliebt wurde, und
sich mit ihr in den Wettlauf einließ. Er hatte aber von
der Venus goldene Aepfel erhalten, die er fallen ließ,
als er verfolget wurde. Atalante hob sie auf, und
wurde bey diesem Wettlauf überwunden.

Milanion vermählte sich also mit der Atalante.
Man sagt aber auch, sie wären einsmahls nach der Jagd
in einen Hain des Jupiters gegangen, und hätten daselbst
geschlafen, weswegen sie in Löwen verwandelt worden
wären.

Hesiodus und einige andere sagen, Atalante wäre
nicht die Tochter des Jasus, sondern des Schöneus
gewesen. Euripides hält sie für eine Tochter des Mänalus, und ihren Mann nicht für den Milanion, sondern für den Hippomenes.

Atalante zeugte mit dem Milanion, oder, wie
andere sagen, mit dem Mars, den Parthenopäus,
der dem Feldzuge wider Theben beywohnte.

Cap.

Cap. 10.

Atlas und Pleione, eine Tochter des Oceans, zeugten zu Cyllene in Arkadien sieben Töchter, die man die Plejaden nennte, Halcyone, Merope, Celäno, Elektra, Sterope, Taygete, Maja.

Von diesen heurathete Oenomaus die Sterope, und Sisyphus die Merope. Zween hatte Neptun seine Liebe geschenkt. Die erste war Celäno, mit der er den Lykus zeugte, dem Neptun seinen Auffenthalt in den Inseln der Glückseligen anwieß. Die andere war Halcyone, die ihm eine Tochter, Aethusa, gebahr, mit welcher Apollo den Eleuther, den Hyreus, und Hyperenor zeugte *).

Nykteus und Lykus waren Söhne des Hyreus und der Nymphe Klonia; Antiope, eine Tochter des Nykteus und der Polyxo; Zethus und Amphion, Söhne der Antiope und des Jupiters. Die übrigen Töchter des Atlas wurden vom Jupiter geliebt.

Denn Maja, die älteste, beschlief Jupiter in der Cyllenischen Höhle; worauf sie den Merkur gebahr. Als Merkur noch in der Wiege lag, verließ er sie auf einmahl, und gieng nach Pieria, wo er die Ochsen stahl, die Apollo hütete. Damit aber der Diebstahl durch die Fußtapfen nicht entdeckt werden möchte, so zog er den Ochsen Schuhe an, und brachte einige nach Pylus; die übrigen aber verbarg er in einer Höhle. Zwey davon opferte er, und befestigte die Häute an Felsen. Einen Theil des Fleisches kochte er und verzehrte es; das übrige wurde von ihm verbrannt.

J 5   Er

*) S. die Anmerkungen des Gale.

Er gieng hierauf eilends nach Cyllene, und fand vor der Höhle eine fressende Schildkröte. Diese nahm er aus, spannte über die Schaale Saiten von den Därmen der geschlachteten Ochsen, und erfand nach einigem Nachdenken die Leyer und das Plektrum *).

Apollo sucht seine Ochsen, und kommt nach Pylus, wo er die Einwohner deswegen befragt. Diese antworten ihm, sie hätten sie von einem Knaben wegtreiben gesehen; sie könnten aber nicht sagen, wo er sie hin getrieben, indem man keine Spur finden könnte.

Endlich kommt Apollo zur Maja nach Cyllene, nachdem er den Räuber durch Hülfe der Wahrsagerkunst entdeckt hatte, und verklagt den Merkur. Maja zeigt ihm den Knaben in Windeln liegend. Apollo bringt ihn zum Jupiter, und verlangt seine Ochsen. Jupiter befiehlt ihm zwar, die Ochsen wieder herzugeben: allein Merkur läugnet. Weil er aber nichts ausrichtet, so führt er den Apollo nach Pylus, und stellet ihm die Ochsen wieder zu.

Apollo hörte die Leyer, und bat sie sich aus. Merkur gab sie ihm, und Apollo schenkte ihm dafür die Ochsen. Merkur weidete sie, erfand dabey die Rohrpfeife (Syrinx), und blies darauf. Auch diese wollte Apollo besitzen, und schenkte ihm dafür den goldenen Stab, den er beym Viehweiden führte. Merkur nahm ihn willig an, bat sich aber auch das Vermögen zu wahrsagen aus. Sein Wunsch wurde ihm gewähret, und Apollo lehrte ihm die Kunst, aus Steingen zu wahrsagen.

*) Im Griechischen findet sich noch ein kindischer Zusatz, den Gale mit Recht für untergeschoben hält.

sagen. Jupiter aber machte ihn zu seinen und der unterirdischen Götter Herold.

Taygete bekam vom Jupiter den Lacedämon, von dem die Landschaft Lacedämon den Namen erhielte. Lacedämon und Sparta, eine Tochter des Eurotas (der von dem Lelex, einem Autochthon, abstammte) und der Najade Kleocharea, zeugten den Amyklas und die Eurydice, die Akrisius heurathete.

Amyklas und Diomede, eine Tochter des Lapithes, zeugten den Cynortes und Hyacinthus. Apollo soll den Hyacinthus geliebt und ihn wider seinen Willen mit der Wurfscheibe todt geworfen haben.

Perieres, ein Sohn des Cynortes, heurathete die Gorgophone, eine Tochter des Perseus, wie Stesichorus erzählet, und bekam von ihr den Tyndareus, Ikarius, Aphareus, und Leucippus.

Aphareus und Arene, eine Tochter des Oebalus, zeugten den Lynceus, Idas, und Pisus. Viele hingegen machen den Idas zu einem Sohn des Neptuns.

Lynceus hatte so scharfe Augen, daß er sogar unterirdische Dinge sehen konnte.

Ilaira und Phöbe waren Töchter des Leucippus und der Philodice, einer Tochter des Inachus. Diese wurden vom Kastor und Pollux geraubt, und zu ihren Gemahlinnen gewählt.

Leucippus zeugte auch die Arsinoe, die dem Apollo den Aeskulapius gebahr. Allein andere sagen, Aeskulapius wäre nicht der Sohn der Arsinoe, der Tochter

des

des Leucippus, sondern der Koronis, der Tochter des
Phlegias in Theſſalien, geweſen. Dieſe, ſagen ſie,
habe Apollo geliebt und ſie ſogleich beſchlafen. Sie
vermählte ſich hernach wider ihres Vaters Willen mit
dem Iſchnus, einem Sohne des Elatus. Apollo
verwünſchte den Raben, der ihm dies hinterbrachte, ſo,
daß er ſeine weiſſe Farbe in ſchwarze verwandelte. Die
Koronis ſelbſt tödtete er in ihrer Schwangerſchaft. Weil
nun ihr Körper dabei im Brand gerieth; ſo riß er das
Kind aus dem Feuer, und brachte es zum Centauer Chiron, der es erzog, und ihm die Arzneykunſt und die
Jagd lehrte.

Aeſkulapius wurde alſo ein Chirurge, und rettete
nicht allein nach einer langen Uebung vielen Menſchen
das Leben, ſondern machte auch ſchon Geſtorbene wieder
lebendig. Denn Minerva hatte ihm das aus den Adern
der Gorgo gefloſſene Blut geſchenkt, wovon dasjenige,
das aus den Adern der linken Seite gefloſſen war, den
Menſchen zum Verderben, und das aus den Adern der
rechten Seite, zum Beſten gereichte. Durch Hülfe dieſes Bluts weckte Aeſkulapius die Todten auf. Ich habe
einige gefunden, die er wieder lebendig gemacht haben ſoll,
nämlich, den Kapaneus und Lykurg, oder, wie Steſi-
chorus ſagt, die Eriphyle, oder, nach dem Verfaſſer
der Geſchichte von Naupaktus, den Hippolytus, oder,
nach dem Panyaſis, den Tyndareus, oder, nach den
Orphiſchen Schriftſtellern, den Hymenäus, oder, nach
dem Mneſagoras, den Glaukus, den Sohn des
Minos.

Weil aber nun Jupiter befürchtete, die Menſchen
möchten durch Hülfe dieſer Arzneykunſt einander ſelbſt

retten

retten können; so tödtete er den Aeskulapius mit dem Blitze. Apollo wird hierüber zornig, und ermordet die Cyklopen, weil sie dem Jupiter den Blitz verfertiget hatten. Jupiter denket schon darauf, wie er den Apollo in den Tartarus werfen will, als Latona ihn zu verschonen bittet. Er befiehlt also dem Apollo, ein Jahr lang einem Menschen zu dienen. Er gehet deswegen nach Pherä zum Admetus, dem Sohne des Pheres, und hütet als ein Sklave seine Heerden. Unterdes macht er, daß alle Kühe in diesen Heerden doppelt trächtig wurden.

Einige sagen, Aphareus und Leucippus wären Söhne des Perieres, eines Sohns des Aeolus, gewesen. Perieres aber, ein Sohn des Cynortes; Oebalus, ein Sohn des Perieres; Tyndareus, Hippokoon und Ikarion, Söhne des Oebalus und der Najade Batea.

Die Söhne des Hippokoon waren: Dorykleus, Skäus, Emarsphorus, (Enaraphorus), Eutyches, Bukolus, Lykon, Tebrus (Sebrus), Hippothous, Eurytus, Hippokorystes, Alcenus, Alkon.

Mit Hülfe dieser Kinder verjagte Hippokoon den Ikarion und Tyndareus aus Lacedämon. Diese fliehen zum Thestius, und unterstützen ihn bey dem Kriege mit seinen Nachbarn.

Tyndareus heurathete die Tochter des Thestius (des Sohns des Aetolus), die Leda. Beyde Brüder kamen wieder zurück, nachdem Herkules den Hippokoon nebst seinen Söhnen getödtet hatte, und Tyndareus übernahm die Regierung.

Ika-

Ikarion und die Najade Periböa zeugten fünf Söhne: Thoas, Damasippus, Imeusimus, Aletes, Perilaus, und eine Tochter, Penelope, die mit dem Ulysses vermählt wurde.

Tyndareus und Leda zeugten die Timandra, die den Echemus heurathete; ferner, die Klytämnestra, die Gemahlin des Agamemnon; und Philonoe, die von der Diana unsterblich gemacht wurde.

Jupiter liebte die Leda unter der Gestalt eines Schwans, und in eben dieser Nacht beschlief sie Tyndareus. Jupiter hatte den Pollux und die Helena, Tyndareus den Kastor gezeugt. Einige sagen, Helena wäre eine Tochter der Nemesis und des Jupiters gewesen. Nemesis wäre vor den Jupiter geflohen, und von ihm in eine Gans verwandelt worden. Jupiter habe hierauf die Gestalt eines Schwans angenommen und sie geliebt. Nemesis wäre hierauf mit einem Ey niedergekommen, welches ein Hirte in einem Haine gefunden und der Leda gebracht hätte. Diese habe es in eine Kiste gelegt und verwahret, bis zur bestimmten Zeit Helena hervorgekommen, die sie als ihre Tochter erzogen hätte. Weil sie nun von einer ausserordentlichen Schönheit gewesen, so habe sie Theseus geraubt, und nach Athen gebracht. Pollux und Kastor hätten hernach Athen bekriegt, als Theseus in dem unterirdischen Reiche gewesen, die Stadt erobert, die Helena wieder bekommen, und die Mutter des Theseus, Aethra, gefangen weggeführet.

Die vornehmsten Herren aus Griechenland kamen nach Sparta, und hielten um die Helena an. Diese Freyer waren

waren folgende: Ulyſſes, der Sohn des Laertes, Diomedes, der Sohn des Tydeus, Antilochus, der Sohn
des Neſtors, Agapenor, der Sohn des Ancäus,
Sthenelus, der Sohn des Kapaneus, Amphilochus,
der Sohn des Kteas, Thalpius, der Sohn des Eurytus, Meges, der Sohn des Phileus, Amphilochus,
der Sohn des Amphiaraus, Meneſtheus, der Sohn
des Peteus, Schedius, der Sohn des Epiſtrophus,
Polyxenus, der Sohn des Agaſthenes, Peneleus,
der Sohn des Leitus, Ajax, der Sohn des Oileus,
Aſkalaphus und Jalmenus, Söhne des Mars, Ele-
phenor, der Sohn des Chalkodon, Eumelus, der
Sohn des Admetus, Polypötes, der Sohn des Pirithous, Leonteus, der Sohn des Koronus, Podali-
rius und Machaon, Söhne des Aeſkulapius, Philoktetes, der Sohn des Pöas, Eurypylus, der Sohn
des Evämon, Proteſilaus, der Sohn des Jphiklus,
Menelaus, der Sohn des Atreus, Ajax und Teucer,
Söhne des Telamon, Patroklus, der Sohn des
Menötius.

Beym Anblick dieſer Menge befürchtet Tyndareus,
die übrigen möchten, wenn er Einen wählte, einen Aufruhr
erregen. Ulyſſes verſpricht ihm deswegen, ein Verfahren
vorzuſchlagen, wobey kein Aufruhr zu beſorgen wäre, wenn
er ihm zur Heurath der Penelope behülflich ſeyn würde.
Tyndareus verſpricht ihm ſeinen Beyſtand. Hierauf
ſagte Ulyſſes: laß die Freyer ſchwören, daß ſie dir helfen
wollten, wenn der gewählte Bräutigam von einem andern
dieſer Verbindung wegen ſollte beleidiget werden. Kaum
hat dies Tyndareus gehöret, ſo läßt er die Freyer ſchwören, wählet den Menelaus zum Bräutigam, und freyet
vom Jkarion die Penelope für den Ulyſſes.

Cap.

Cap. II.

Menelaus zeugte mit der Helena die Hermione, und, nach einigen Nachrichten, den Nikostratus mit der Dule, einer Tochter des Pierus, aus einer Aetolischen Familie, oder, nach dem Akusilaus, den Megapenthes mit der Teridae. Mit der Nymphe Knossia zeugte er endlich, dem Eumelus zu Folge, den Xenodamus.

Von den Söhnen der Leda trieb Kastor das Kriegs= wesen, Pollux aber das Faustschlagen. Ihrer Tapfer= keit wegen wurden sie beyde Dioskuri *) genennt. Sie wollten gerne die Töchter des Leucippus zu Gemahlinnen haben; sie raubten sie deswegen aus Messene, und heura= theten sie. Pollux zeugte mit der Phöbe den Mnesi= leus: Kastor mit der Jlaira, den Anogon.

Einsmahls trieben sie in Gesellschaft des Idas und Lynceus, der Söhne des Aphareus, Vieh aus Arka= dien weg, und überliessen dem Idas die Theilung. Die= ser schnitt hierauf einen Ochsen in vier Theile, und sagte: wer den ersten Theil aufessen wird, soll die Hälfte von der Beute bekommen: das übrige aber, wer den zweyten ver= zehren kann. Idas selbst aß hernach seinen eigenen Theil, und den Theil seines Bruders. Dann trieb er die Beute nach Messene.

Kastor und Pollux wurden hierdurch zum Krieg wider Messene gereizt, und trieben jene und noch viele andere Beute weg. Zugleich stellten sie dem Idas und Lynceus unter einer Eiche nach. Allein Lynceus er= blickte den Kastor, und verkündigte es dem Idas, worauf

dieser

---

*) Söhne des Jupiters.

dieser den Kastor umbringet.　Pollux verfolget sie,
und tödtet den Lynceus mit dem Wurfspieße.　Als er aber
auch dem Idas nachsetzet, so wird er von ihm mit einem
Steine geworfen, und fällt ohnmächtig nieder.　Jupiter
tödtet den Idas mit dem Blitze, führet den Pollux im
Himmel, und schenket ihm die Unsterblichkeit.　Weil er
sie aber nicht annehmen wollte, wenn Kastor todt bliebe;
so verließ ihnen Jupiter, daß sie wechselsweis einen Tag
um den andern unter den Göttern und unter den Sterblichen seyn durften.

Kastor und Pollux waren also unter die Götter
versetzet, und Tyndareus ließ den Menelaus nach Sparta
kommen, und übergab ihm das Königreich.

Cap. 12.

Elektra, die Tochter des Atlas, und Jupiter zeugten den Jasion und Dardanus.

Jasion verliebte sich in die Ceres, wurde aber vom
Blitz erschlagen, als er der Göttin zu nahe trat.　Dardanus, traurig über den Tod seines Bruders, verlässet
Samothrazien, und kommt in das gegen über gelegene
feste Land, wo Teucer, ein Sohn des Flusses Skamander und der Nymphe Idäa die Regierung führte.
Von ihm wurden auch die Bewohner dieser Gegend Teu-
krier genennet.　Der König nimmt den Dardanus auf,
überläßt ihm einen Theil des Landes nebst seiner Tochter
Batea, und dieser erbauet die Stadt Dardanus.

Nach dem Tode des Teucer nennte er die ganze Landschaft Dardania, und zeugte den Ilus und Erichtho-
K nius.

nius. Jlus starb ohne Kinder: Erichthonius aber
erhielt das Königreich, und vermählte sich mit der Astyoche, einer Tochter des Simois, mit welcher er den Tros
zeugte.

Nach erlangter Regierung nennte Tros die Gegend
nach seinem Namen Troja, heurathete die Kallirrhoe,
eine Tochter des Skamander, und zeugte mit ihr die
Kleopatra, und drey Söhne, den Jlus, Assarakus
und Ganymedes.

Ganymedes wurde vom Jupiter seiner Schönheit
wegen geraubt, und im Himmel zum Mundschenken der
Götter gemacht.

Assarakus zeugte mit der Hieromneme, einer
Tochter des Simois, den Kapys, und dieser mit der
Themis, einer Tochter des Jlus, den Anchises. Eine
wollüstige Begierde machte, daß Venus den Anchises
bey sich schlafen ließ, und mit ihm den Aeneas und den
Lyrus zeugte, welcher letztere ohne Kinder starb.

Jlus kam nach Phrygien, und erlangte von dem
Könige, daß er mit zu dem angestellten Wettstreit gelassen
wurde, wobey er den Sieg davon trug. Zur Belohnung
bekam er funfzig Knaben und eben so viel Mägdchen.
Ueberdies gab ihm der König, dem Orakel zu Folge, eine
schäckigte Kuh, mit der Erinnerung, an dem Orte, wo sie
sich niederlegen würde, eine Stadt zu bauen. Jlus folget ihr nach; sie kommt an den so genannten Hügel der
Ate in Phrygien, und leget sich nieder. Jlus bauete
alsdann an diesem Orte eine Stadt, und nennte sie
Jlium.

Er bat hernach den Jupiter um die Erscheinung eines Zeichens. Am folgenden Tage fand er das vom Jupiter herabgelassene Palladium vor seinem Zelte. Es war drey Cubitus hoch), hatte fortschreitende Füsse, und in der rechten Hand einen aufrechtsstehenden Spieß, in der andern aber einen Rocken und eine Spindel.

Hier folgt die Geschichte des Palladium. Man sagt, Minerva wäre von dem Triton, dessen Tochter Pallas hieß, auferzogen worden. Minerva und Pallas hätten Kriegsübungen getrieben, und sich einmahl mit einander in einen Wettstreit eingelassen. Indem aber Pallas die Minerva verwunden wollen, sey Jupiter erschrocken, und habe ihr die Aegis entgegengestellt. Pallas habe sich aus Furcht umgesehen, und wäre auf diese Art von der Minerva verwundet und niedergemacht worden. Aus Traurigkeit über diesen Vorfall habe Minerva ein ihr ähnliches Bildniß verfertiget, die Aegis, wofür sie sich gefürchtet, um seine Brust gethan, und es zu ihrer Verehrung bey dem Jupiter hingestellt. In der Folge wäre Elektra vom Jupiter geliebt worden, der hernach das Palladium nebst der Ate in die Ilische Landschaft herabgelassen, und vom Ilus sey ihm zu Eh=ren ein Tempel erbauet worden *). So viel von dem Palladium!

Ilus heurathete die Eurydice, eine Tochter des Adrastus, und zeugte den Laomedon, der sich mit der Strymno, einer Tochter des Skamander, nach an=dern aber, mit der Placia, einer Tochter des Atreus, oder des Leucippus, vermählte. Er zeugte folgende

K 2 Söhne:

---

*) Man sehe die Anmerkungen des Gale.

Söhne: Tithonus, Lampon, Klytius, Hiketaon, Podarces; und diese Töchter: Hesione, Cilla, und Astyoche. Mit der Nymphe Kalybe zeugte er den Bukolion.

Aus Liebe raubte Aurora den Tithonus, und brachte ihn nach Aethiopien, wo sie sich von ihm beschlafen ließ, und den Emathion und Memnon gebahr.

Nachdem Herkules Troja erobert hatte, wie wir kurz vorher erzählt haben, so wurde Podarces, mit dem Beynamen Priamus, König. Seine erste Gemahlin hieß Arisbe, und war eine Tochter des Merops. Mit ihr zeugte er den Aesakus, der die Asterope, eine Tochter des Cebrenes, heurathete. Nach ihrem Tode betrauerte er sie, und wurde in einen Vogel verwandelt.

Priamus überließ hierauf die Arisbe dem Hyrtakus, und vermählte sich zum zweytenmahl mit der Hekuba, einer Tochter des Dymas, oder, wie andere sagen, des Cisseus, oder nach noch andern, des Flußes Sangarius und der Metope. Ihr erstes Kind war Hektor. Als sie zum zweytenmahl niederkommen wollte, kam es ihr im Traume vor, als wenn sie einen feurigen Brand gebähre, der die ganze Stadt verzehrte und verbrannte. Priamus, dem Hekuba den Traum erzählte, ließ seinen Sohn Aesakus kommen, der von dem Merops, seinem mütterlichen Großvater, das Traumdeuten gelernt hatte. Dieser sagte, es würde ein Knabe gebohren werden, der das Verderben des Vaterlandes seyn würde; zugleich befahl er, das Kind wegzusetzen. Sobald das Kind gebohren war, gab es Priamus einem seiner Bedienten, um es auf den Ida hinzusetzen. Dieser

ser Bediente hieß Agelaus, oder Archelaus. Das von
ihm ausgesetzte Kind wurde fünf Tage lang von einer
Bärin genähret. Der Bediente findet das Kind noch
unversehrt, hebt es auf, nimmt es mit sich nach Hause,
ziehet es als sein eigenes Kind auf, und nennet es Paris.
Als der Knabe erwachsen, und vorzüglich schön und stark
war, so bekam er den Beynamen Alexander, weil er die
Heerden für den Anfällen der Räuber beschützte. Nicht
lange hernach entdeckte er seine Eltern.

Nach dem Paris gebahr Hekuba folgende Töchter:
Kreusa, Laodice, Polyrene, Kassandra. Diese letztere wollte Apollo lieben, und versprach ihr deswegen die
Wahrsagerkunst zu lehren. Nachdem sie dies gelernt
hatte, wollte sie ihn nicht lieben. Daher benahm Apollo
ihrer Wahrsagerkunst die Glaubwürdigkeit.

Hekuba gebahr noch folgende Söhne: Deiphobus,
Helenus, Pammon, Polites, Antiphon, Hipponous, Polydorus, Troilus; welchen letztern Apollo
gezeugt haben soll.

Mit andern Gemahlinnen zeugte Priamus folgende
Söhne: Menalippus, Gorgythion, Philämon,
Hippothous, Glaukus, Agathon, Chersidamas,
Evagoras, Hippodamas, Mestor, Atas, Dory-
klus, Lykaon, Dryops, Bias, Chromius, Astygo-
nus, Telestas, Evander, Cebriones, Melius, Archemachus, Laodokus, Echephron, Jdomeneus,
Hyperion, Askanius, Demokoon, Arrhetus, De-
joptes, Klonius, Echemon, Hypirychus, Aegeo-
neus, Lysithous, Polymedon; und folgende Töchter: Medusa, Medesikaste, Lysimache, Aristodeme.

K 3 Hektor

Hektor heurathete die Andromache, eine Tochter des Eetion, und Alexander die Oenone, eine Tochter des Flusses Cebrenes. Oenone hatte von der Rhea die Wahrsagerkunst gelernt, und warnte den Alexander, nicht nach der Helena zu schiffen. Allein sie konnte ihn nicht bereden; inzwischen sagte sie ihm, wenn er sollte verwundet werden, so möchte er nur zu ihr kommen; sie allein könne ihn heilen. Paris raubt die Helena aus Sparta; Troja wird bekriegt; er wird vom Philoktetes mit den Pfeilen des Herkules verwundet, und kommt zur Oenone auf den Ida. Diese, ihrer Beleidigung eingedenk, will ihn nicht heilen. Darauf wird Alexander nach Troja gebracht, und stirbt. Oenone bereuet es, bringt Arzneyen zur Heilung (denn Oenone verstand die Arzneykunst und die Musik); sie erfährt, daß er schon todt wäre, und erhängt sich.

Der Fluß Asopus war ein Sohn des Oceanus und der Tethys; nach dem Akusilaus aber, ein Sohn der Pero und des Neptuns; nach andern, des Jupiters und der Eurynome. Dieser Asopus heurathete die Metope, eine Tochter des Flusses Ladon, die ihm zwey Söhne, den Ismenus und Pelagon, und zwanzig Töchter gebahr.

Von diesen Töchtern raubte Jupiter eine, die Aegina (die auch Oenone genennt wurde). Asopus suchet sie, kommt nach Korinth, und erfährt vom Sisyphus, Jupiter habe sie geraubt. Asopus suchet den Jupiter auf: allein dieser jaget ihn wieder mit Blitzen an sein Flußbett. Daher findet man noch ietzt Kohlen in diesem Flusse. Die Aegina brachte Jupiter hierauf nach der damahligen Insel Oenone, die ietzt von ihr

Aegina

Aegina genennt wird. Er beschlief sie, und zeugte mit
ihr den Aeakus. Weil dieser nun ganz allein auf der
Insel war, so machte Jupiter ihm zu Gefallen aus Amei-
sen Menschen.

Aeakus heurathete die Endeis, eine Tochter des
Chiron, und zeugte mit ihr den Peleus und Telamon.
Pherecydes hingegen behauptet, Telamon wäre nicht
der Bruder, sondern der Freund des Peleus, und Sohn
des Aktäus (Aktors oder Aktons *) und der Glauce,
einer Tochter des Cychreus, gewesen.

Aeakus liebte auch die Psamathe, eine Tochter des
Nereus, die sich aus Unwillen in eine Quelle verwandelt
hatte, und zeugte mit ihr den Phokus.

Aeakus war der allerfrömmste Mann seiner Zeit.
Folgender Umstand beweiset es. Griechenland wurde
von einer Theurung geplagt, die des Pelops wegen entstanden war, weil er in dem Kriege mit dem Stymphalus, dem Könige der Arkadier, die Arkadische Landschaft
nicht einnehmen konnte, sich hernach freundschaftlich bezeugte, den Stymphalus umbrachte, und seine verstüm-
melten Glieder zerstreuete. Die Orakel sagten, Griechenland würde von dem gegenwärtigen Unglück befreyet werden, wenn Aeakus deswegen seine Gebeter verrichten
würde. Auch nach dem Tode wird Aeakus vom
Pluto geehret; er hat die Schlüssel zur Hölle in seiner
Verwahrung.

Peleus und Telamon stellten ihrem Bruder Phokus hinterlistig nach, weil er in den Wettkämpfen den
Preiß davon trug. Da nun einmahl das Loos den Te-

K 4 lamon

*) S. die Anmerkungen des Gale.

lamon traf, sich mit ihm zu üben, so warf er ihn mit
der Wurfscheibe an den Kopf, daß er starb. Mit Hülfe
des Peleus trug er ihn hernach weg, und verbarg ihn
in einem Walde. Als aber der Mord entdeckt wurde, so
nöthigte sie Aeakus, aus Aegina zu entfliehen.

Telamon kommt nach Salamis zu dem Cychreus,
einem Sohn des Neptuns und der Salamis, die eine
Tochter des Asopus war. Telamon tödtet eine
Schlange, welche die Insel, wo Cychreus regierte, beunruhigte, und bekommt das Königreich, als Cychreus
ohne Kinder verschied. Er heurathet die Periböa
(Eriböa), eine Tochter des Alkathous, der ein Sohn
des Pelops war. Herkules bat für ihn, daß er einen
Sohn bekommen möchte. Nach verrichtetem Gebet erschien ein Adler, und Telamon nennte seinen hernach
erzeugten Sohn Ajax.

Telamon zog auch mit dem Herkules gegen Troja
zu Felde, und bekam die Hesione, die Tochter des
Laomedon, zur Belohnung, mit welcher er den Teucer
zeugte.

Cap. 13.

Peleus fliehet nach Phthia zum Eurytion, einem
Sohne des Aktors, und wird von ihm gereiniget.
Er bekommt hernach von ihm seine Tochter Antigone
und den dritten Theil des Landes. Seine Tochter hieß
Polydore, die mit dem Borus, einem Sohne des
Perieres, vermählt wurde.

Nachher gieng er nebst dem **Eurytion** zur Jagd des Kalydonischen Schweins; wobey er mit dem Wurf- spieße nach dem Schweine zielte, aber dafür den Eury- tion traf, und ihn also wider seinen Willen tödtete. Er mußte daher aus Phthia fliehen; worauf er nach Jolkus zum **Akastus** kam, und sich von ihm reinigen ließ.

Nach dem Wettstreite mit der **Atalante** bey den zu Ehren des **Pelias** angestellten Spiele, verliebte sich **Asty- damia**, die Gemahlin des **Akastus**, in den **Peleus**, und schickte Liebesbriefe an ihn. Weil sie ihn aber nicht bewegen konnte; so ließ sie seiner Gemahlin sagen, **Peleus** sey im Begriff, die **Sterope**, eine Tochter des **Akastus**, zu heurathen. Kaum hatte sie dies erfahren, so erhängte sie sich. **Astydamia** verläumbete auch den **Peleus** bey dem **Akastus**, indem sie vorgab, er habe sie zu seinem Willen verführen wollen. Auf diese Nachricht befand **Akastus** zwar nicht für dienlich, ihn zu tödten, weil er ihn gereiniget hatte; er schickte ihn aber zur Jagd auf den Berg **Peleus**.

Bey der Jagd entstand ein Streit. **Peleus** hatte allem Wilde, das er gefangen, die Zungen ausgeschnit- ten, und sie in seine Jagdtasche gelegt. Die Leute des **Akastus** bekamen es hernach, und spotteten über den **Pe- leus**, als wenn er nichts gejagt hätte. Dann brachte er alle seine Zungen hervor, und sagte ihnen, eben so viele Thiere habe er gejagt.

Er schlief hernach auf dem **Pelius** ein, wo ihn **Aka- stus** zurückließ, nachdem er ihm sein Schwerdt in Ochsen- mist gesteckt hatte. **Peleus** erwacht, suchet sein Schwerdt, wird aber von den Centauren ergriffen, und soll sterben.

K 5 Allein

Allein **Chiron** rettet ihn noch, suchet und findet sein Schwerdt, und übergiebt es ihm.

Peleus heurathet, wie schon gesagt worden, die **Antigone**, eine Tochter des **Eurytion**, und zeugt mit ihr die **Polydore**, die mit dem Flusse **Sperchius**, der den Beynamen **Borus** führte und ein Sohn des **Perieres** war, vermählt wurde, und den **Menesthius** gebahr.

Peleus heurathete zum zweytenmahl die **Thetis**, eine Tochter des **Nereus**, welche **Jupiter** und **Neptun** zur Gemahlin verlangten, und darüber in einen Zwist gerathen waren. Weil aber **Themis** prophezeyhete, das mit der **Thetis** erzeugte Sohn würde mächtiger werden, als sein Vater; so liessen sie ihr Vorhaben fahren *).

Einige erzählen, als **Jupiter** schon im Begrif gewesen wäre, sie zu lieben; so habe **Prometheus** gesagt, das mit ihr erzeugte Kind würde den Himmel beherrschen. Andere hingegen behaupten, **Thetis** habe auf Warnung der **Juno** sich nicht vom **Jupiter** wollen lieben lassen. **Jupiter** habe hierauf im Zorne beschlossen, sie mit einem Sterblichen zu verehelichen.

Peleus lernte hierauf vom **Chiron**, wie er sich ihrer bemächtigen und sie fest halten könnte, wenn sie sich in allerhand Gestalten verwandeln würde. Er beobachtet sie hernach, und ergreifet sie. Und ob sie gleich bald zu Feuer, bald zu Wasser, bald zu einem wilden Thiere wird, so läßt er sie doch nicht eher fahren, bis er sahe, daß sie wieder ihre vorige Gestalt angenommen hatte. Er vermählet sich also mit ihr auf dem Berge **Pelius**. Die Götter

ter

*) S. die Anmerkungen des Gale.

ter kommen daselbst zusammen, schmausen, und feyern das Hochzeitfest. Chiron schenket dem Peleus einen Spieß von Espenholz; Neptun, die Pferde Balius und Xanthus; Vulkan, ein Schwerdt; und die übrigen andere Dinge *).

Nachdem Thetis vom Peleus ein Kind erhalten hatte, so wollte sie es unsterblich machen, und legte es ohne Wissen des Peleus zu Nacht in das Feuer, wodurch sie alles austilgen wollte, was es von seinem Vater Sterbliches geerbt hatte. Bey Tage aber salbte sie es mit Ambrosia.

Einsmahls giebt Peleus Achtung, und als er das Kind im Feuer zappeln siehet, so schreyet er. Weil nun Thetis auf diese Weise an der Ausführung ihres Vorhabens gehindert ward; so verließ sie das noch unmündige Kind, und wanderte zu den Nereiden.

Peleus bringet den Knaben zum Chiron. Dieser nimmt ihn an, und nähret ihn mit Eingeweiden von Löwen, und mit dem Mark von wilden Schweinen und Bären. Er veränderte auch seinen vorigen Namen Ligyron, und nennte ihn Achilles, weil er nie mit den Lippen Brüste berührt hatte **).

Nach diesen eroberte Peleus mit Hülfe des Jason, des Kastor und Pollux die Stadt Jolkus, und tödtete die Astydamia, die Gemahlin des Akastus. Ihre Glieder zerstückte er, und ließ die Armee über sie in die Stadt ziehen.

Als

*) S. Gale.

**) Diese herrliche Ableitung des Namens Achilles mag wohl in dem Gehirn eines Grammatikers entstanden seyn.

Als Achilles neun Jahre alt war, und Kalchas gesagt hatte, ohne ihn würde Troja nicht eingenommen werden können; so sahe Thetis wohl voraus, daß er bey diesem Feldzuge bleiben würde. Sie steckte ihn deswegen in Weiberkleider, und übergab ihn dem Lykomedes, als ein Mägdchen zu erziehen *). Allein Achilles beschlief die Deidamia, die Tochter des Lykomedes, und zeugte einen Sohn Pyrrhus, der hernach Neoptolemus genennt wurde.

Ulysses suchte den Achilles, erfuhr endlich, daß er beym Lykomedes wäre, und entdeckte ihn auch würklich durch Hülfe einer Trompete. Auf diese Weise kam er mit vor Troja. Phönix, ein Sohn des Amyntor, begleitete ihn. Dieser Phönix ward seiner Augen beraubt, weil ihn Klytia, die Geliebte seines Vaters, beschuldiget hatte, er wäre Willens gewesen, ihr Gewalt zu thun. Allein Peleus brachte ihn zum Chiron, der ihm sein Gesicht wieder herstellte; worauf ihn Peleus zum König über die Dolopier machte.

Auch Patroklus begleitete den Achilles. Patroklus war ein Sohn des Menötius und der Sthenele, einer Tochter des Akastus, oder, der Periapis, einer Tochter des Pheres, oder, nach dem Philokrates, der Polymele, einer Tochter des Peleus.

Patroklus war einsmahls nach Opunt in Lokris gekommen, und hatte beym Würfelspiel den Klysonymus, einen Sohn des Amphidamas, wider seinen Willen umgebracht. Er floh hierauf nebst seinem Vater, und hielt sich bey dem Peleus auf, wo er der vertrauteste Freund des Achilles wurde.

Cap.

---

*) Ich bin hier mit einer kleinen Veränderung der Verbesserung des Gale gefolget.

Cap. 14.

Cekrops, ein Eingebohrner des Landes *) hatte einen
Körper, der aus einer Manns= und Drachengestalt
zusammengesetzt war, und wurde der erste König in At=
tika. Die Landschaft, die vorher Akte hieß, wurde nach
seinem Namen Cekropien genennet.

Unter seiner Regierung sollen zuerst die Götter be=
schlossen haben, sich zu Besitzern von gewissen Städten zu
machen, in denen ieder von ihnen auf eine besondere Art
verehrt werden sollte. Neptun kam also zuerst nach
Attika, und schlug mit seinem Drenzack mitten an die
Burg, daß ein Meer entstand, welches ietzt Erechtheis
genennt wird.

Nach ihm kam Minerva, und brachte, indem sie
den Cekrops zum Zeugen ihres Unternehmens machte,
den Oelbaum hervor, den man noch ietzt im Pandro=
sium zeiget. Als hernach über die Landschaft zwischen
der Minerva und den Neptun entstand, so schlichtete
ihn Jupiter so, daß er Richter verordnete, nicht, wie
einige sagen, den Cekrops und Kranaus, noch den
Erichtheus, sondern die zwölf Götter; auf deren Ent=
scheidung dann das Land der Minerva zuerkannt wurde,
nachdem Cekrops bezeugt, daß sie zuerst den Oelbaum
hervorgebracht habe. Von der Minerva **) wurde
also die Stadt Athen genennet. Der hierüber aufge=
brachte Neptun setzte hernach die Thriasische und Atti=
sche Gegend unter Wasser.

Cekrops

*) Mit mehrerm Rechte halten ihn andere für einen Ae=
   gypter.
**) Im Griechischen Athena.

Cekrops heurathete die Tochter des Aktäus, Agraulos, und bekam einen Sohn, Erysichthon, der ohne Kinder starb, und drey Töchter: Agraulos, Herse, und Pandrosos.

Agraulos und Mars zeugten die Alcippe, mit welcher Halirrhothius, ein Sohn des Neptuns und der Nymphe Euryte, gewaltthätig verfahren wollte, aber vom Mars ergriffen und umgebracht wurde. Neptun verklagt ihn deswegen in dem Areopagus vor den zwölf Göttern, die in der Sache Richter waren: allein, Mars wird losgesprochen.

Aurora verliebte sich in den Cephalus, den Sohn der Herse und des Merkurs. Sie raubte ihn, und ließ sich von ihm in Syrien beschlafen, worauf sie einen Sohn, den Tithonus, gebahr. Der Sohn des Tithonus hieß Phaethon; der Sohn des Phaethon, Astynous; und der Sohn des Astynous, Sandokus.

Sandokus kam aus Syrien nach Cilicien, und legte die Stadt Celenderis an. Seine Gemahlin hieß Thanace, eine Tochter des Megessarus, mit welcher er den Assyrischen König Cinyras zeugte.

Dieser Cinyras kam nach Kreta und bauete mit Hülfe des Volks Paphos. Er vermählte sich auch daselbst mit der Metharme, der Tochter des Cyprischen Königs Pygmalion, und zeugte den Oxyporus und Adonis; und ausserdem noch drey Töchter: Orsedice, Laogore, und Brässia. Diese Mägdchen wurden auf Anstiften der erzürnten Venus ihrer Ehre beraubt, und starben in Aegypten.

Adonis

Adonis war noch ein Jüngling, als ihn der Zorn
der Diana von einem wilden Schweine hauen ließ, daß
er starb. Hesiodus sagt, er wäre ein Sohn des Phönix und der Alphesiböa gewesen. Panyasis hingegen erzählt, sein Vater hätte Thoas (Thias) geheissen,
welcher König in Assyrien gewesen, und eine Tochter, Namens Myrrha (Smyrna) hatte.

Venus war erzürnt über die Myrrha, weil sie
nicht von ihr verehret wurde, und machte, daß sie sich
in ihren Vater verliebte. Hierzu war ihr ihre Amme
behülflich, so, daß sie zwölf Nächte bey ihrem Vater
schlief, ohne daß er sie kannte. Als er es aber gewahr
wurde, so zog er seinen Degen, und verfolgte sie. Sobald er sie eingehohlt hatte, bat sie die Götter, daß sie
unsichtbar werden möchte. Die Götter erbarmten sich
ihrer, und verwandelten sie in einen Baum, der von ihr
Myrrhe genennt wird. Zehen Monate hernach bekam
der Baum einen Riß, aus den Adonis hervorkam.

Seiner Schönheit wegen verbarg ihn Venus, als
er noch ein Kind war, ohne Wissen der Götter in einer
Kiste, und setzte ihn vor die Proserpina. Sobald
ihn diese sahe, wollte sie ihn nicht wieder hergeben. Die
Sache kam vor den Jupiter, der hierauf das Jahr in
drey Theile theilte. Während des ersten Theils sollte
Adonis für sich bleiben, während des andern, bey der
Proserpina, und während des dritten, bey der Venus.
Adonis schenkte aber auch der Venus seinen eigenen
Theil. Er wurde hernach von einem wilden Schweine
gehauen, und starb.

Nach dem Tode des **Cekrops** kam **Kranaus**, ein **Autochthon**, zur Regierung *). Unter ihm soll die Ueberschwemmung des **Deukalion** vorgefallen seyn. Er vermählte sich mit der **Pedias**, einer Tochter des **Menes**, von **Lacedämon**, und zeugte die **Kranae**, **Kranächme**, und **Atthis**. Als diese letztere unverheurathet starb, so nennte **Kranaus** die Gegend nach ihrem Namen **Atthis**.

Amphiktyon vertrieb den **Kranaus**, und wurde König. Einige machen ihn zu einem Sohn des **Deukalion**: andere sagen, er wäre ein **Autochthon** gewesen. Er wurde wieder nach einer zwölfjährigen Regierung vom **Erichthonius** vertrieben.

Einige sagen, **Erichthonius** wäre ein Sohn des **Vulkans** und der **Atthis**, der Tochter des **Kranaus**, gewesen **). Andere hingegen machen ihn zu einem Sohn des **Vulkans** und der **Minerva**, und erzählen folgendes:

Minerva kam zum **Vulkan**, und wollte sich Waffen machen lassen. **Venus** hatte ihn eben verlassen, welches ihm Lust machte, der **Minerva** ihre Ehre zu rauben. Allein diese floh, als er sich ihr nähern wollte. **Vulkan** erreichte sie endlich mit vieler Mühe (denn er hinkte), und suchte sich ihrer zu bemächtigen. Weil sie aber ein enthaltsames Mägdchen war, so stieß sie ihn von sich. Die Göttin wurde aber doch von ihm befleckt, worüber sie unwillig ward, sich mit Wolle abwischte und sie auf die Erde warf ***). Sie nahm hierauf die
Flucht,

---

*) S. Gale.   **) S. Gale.
***) Verblümter konnte ich diese schlüpferige Stelle nicht übersetzen. Was eigentlich darunter zu verstehen sey, und das Uebrige, was ich gar nicht übersetzen kann,
Das läßt sich nur auf Griechisch sagen.

Flucht, und aus dem auf die Erde Geworfenen entstand Erichthonius.

Minerva erzog ihn ohne Wissen der übrigen Götter, und wollte ihn unsterblich machen. Sie legte ihn hernach in eine Kiste, und gab ihm der Pandrosos, der Tochter des Cekrops, zur Verwahrung, mit beygefügter Warnung, die Kiste nie zu öffnen. Allein aus Neugierde öffnen sie die Schwestern der Pandrosos, und sehen, daß das Kind mit einem Drachen umwunden ist. Einige sagen, sie wären von diesem Drachen umgebracht worden. Nach andern aber machte sie die erzürnte Minerva rasend, so, daß sie sich selbst von der Burg herabstürzten.

Erichthonius wurde alsdann von der Minerva selbst im Tempel erzogen. Nach der Zeit vertrieb er den Amphiktyon, und wurde König zu Athen. Der Minerva zu Ehren setzte er eine geschnitzte Bildsäule in die Burg, und verordnete das Panathenäische Fest. Mit der Najade Pasithea zeugte er den Pandion.

Als Erichthonius gestorben und in dem Tempel der Minerva (wo er erzogen worden) begraben war; so wurde Pandion König. Unter seiner Regierung kamen Ceres und Bacchus in die Attische Landschaft. Ceres wurde vom Celeus zu Eleusine aufgenommen, Bacchus aber, vom Ikarius, der von ihm eine Weinrebe bekommt, und das Weinkeltern lernet. Er wollte hernach die Wohlthaten des Gottes auch den übrigen Menschen schenken, und kam zu einigen Hirten, die von dem Getränke kosteten. Weil es ihnen nun wohl schmeckte, und sie übermäßig und ohne Wasser davon

L getrun=

getrunken hatten; so glaubten sie es wäre Gift darunter, und tödteten ihn. Am folgenden Tage, als sie nüchtern waren, begruben sie ihn.

Erigone suchte hernach ihren Vater, und hatte einen Hund, Mära, der den Jkarius immer begleitete, bey sich, durch dessen Hülfe sie den Leichnam entdeckte. Sie beweinte ihren Vater, und erhieng sich.

Pandion vermählte sich mit der Zeuxippe, seiner Mutter Schwester, und zeugte zwey Töchter, Prokne und Philomela, und den Erechtheus und Butes, welche Zwillinge waren.

Bey einem über die Gränzen des Landes entstandenen Krieg mit dem Labdakus, rief er den Tereus, einen Sohn des Mars, aus Thrazien zu Hülfe. Nach glücklicher Vollendung des Kriegs gab er dem Tereus seine Tochter Prokne zur Gemahlin. Nachdem er mit dieser den Itys gezeugt hatte; so verliebte er sich auch in Philomelen, und raubte ihr ihre Ehre. Er sagte hernach, sie wäre gestorben, und verbarg sie in einer abgelegenen Gegend, wo er sie wiederum beschlief, und ihr die Zunge ausschnitt. Allein Philomela stickte Buchstaben in ein Peplum, und machte dadurch der Prokne ihr Unglück bekannt. Nachdem diese ihre Schwester gefunden hatte, tödtet sie den Itys, und setzet ihn dem Tereus, ohne daß er es wußte, gebraten auf die Tafel, und plötzlich nahm sie nebst ihrer Schwester die Flucht. Kaum hatte es Tereus gemerkt, so ergriff er eine Axt, und verfolgte sie. Bey Daulia, einer Stadt in Phocis, wurden sie von ihm eingehohlt; auf ihr Bitten aber verwandelten sie die Götter in Vögel. Prokne wurde

die

die Nachtigall, und **Philomela** die Schwalbe *). Auch Tereus wurde in einen Vogel verwandelt, und ward zum Wiedehopf.

Cap. 15.

Nach dem Tode des **Pandion** theilten seine Söhne das väterliche Vermögen unter sich, und **Erech-theus** übernahm die Regierung; Butes aber, der Sohn des Erichthonius, bekam das Priesterthum der Minerva und des Neptuns.

Erechtheus vermählte sich mit der **Praxithea**, der Tochter des **Phrasimus** und der **Diogenea**, einer Tochter des **Cephisus**, und zeugte mit ihr den **Cekrops**, **Pandorus**, und **Metion**, nebst folgenden Töchtern: **Prokris**, **Kreusa**, **Chthonia**, und **Orithyia**, welche letztere **Boreas** entführte.

Butes heurathete die **Chthonia**; **Xuthus**, die **Kreusa**; **Cephalus**, der Sohn des **Deioneus**, die **Prokris**.

Prokris bekam von dem **Pteleon** eine goldene Krone, und erlaubte ihn dafür Freyheiten. Als aber Cephalus dies gewahr wurde, so flohe sie zum **Minos**, der sich gleichfalls in sie verliebte, und sie zum Beyschlaf beredete. Allein, sobald ein Mägdchen beym **Minos** schlief, so war es nothwendig verlohren. Denn **Pasiphae** hatte den **Minos** vergiftet, weil er vielen Mägdchen seine Liebe zu schenken gewohnt war. Sobald er

§ 2 also

---

*) Andere lassen **Philomelen** zur Nachtigall und die **Prokne** zur Schwalbe werden.

.also bey andern schlief; so drangen giftige Insekten in ihre
Glieder, wovon sie umkamen.

Minos hatte einen hurtigen Hund und einen Wurfspieß, dem nichts entgehen konnte. — Als nun Prokris
ihren Mann erblickte; so nahm sie die Circäische Wurzel
zu sich, welche verursachte, daß ihr nichts schaden konnte,
und schlief bey ihm *). Weil sie sich aber für der Gemahlin des Minos fürchtete; so kam sie nach Athen.
Sie söhnte sich wieder mit dem Cephalus aus, und gieng
mit ihm auf die Jagd; denn sie war eine Jägerin. Einsmahls schlich sie ihm, ohne daß er es wußte, in dem Gebüsche nach; Cephalus schießt mit dem Wurfspieße nach
ihr; trift sie; und sie stirbt. Er wurde hernach in dem
Areopagus zu einer immerwährenden Landesverweisung
verdammt.

Boreas raubte die Orithyia, als sie über den Fluß
Ilissus fuhr, und schlief bey ihr. Sie gebahr hierauf
zwey Töchter, die Kleopatra und Chione, und zwey
Söhne, den Zetes und Kalais, die geflügelt waren.
Sie schifften mit dem Jason, und kamen beym Verfolgen der Harpyen um. Akusilaus hingegen erzählt, sie
wären bey Tenus vom Herkules umgebracht worden.

Phineus vermählte sich mit der Kleopatra, und
zeugte mit ihr den Plexippus und Pandion. Nachdem er diese Kinder von der Kleopatra erhalten hatte;
so heurathete er die Idäa, eine Tochter des Dardanus.
Diese

---

*) Diese Stelle scheinet mir, ohngeachtet der Verbesserungen
des Gale, verstümmelt. Ergänzen kann ich sie aus andern Fabelscribenten: aber, wie Apollodor eigentlich geschrieben habe, das weiß ich nicht. Richtige Belehrungen
werde ich mit Dank annehmen.

Diese beschuldiget ihre Stiefsöhne bey dem **Phineus** des Ehebruchs. **Phineus** glaubt es, und beraubt beyde ihrer Augen. Nachher strafen ihn aber die **Argonauten** dafür, als sie daselbst landeten.

Chione läßt sich vom **Neptun** beschlafen, und gebiehrt ohne Wissen ihres Vaters den **Eumolpus**. Das Kind stürzet sie in den Abgrund des Meers, damit die Sache nicht bekannt werden möchte. Allein, **Neptun** fängt es auf, bringt es nach Aethiopien, und übergiebt es der **Benthesicyma**, seiner Tochter, und der Amphitrite zur Erziehung. Als **Eumolpus** erwachsen war, so gab ihm der Gemahl der **Benthesicyma** eine von seinen Töchtern. Nachdem er aber die Schwester seiner Gemahlin ihrer Ehre berauben wollte; so mußte er das Land meiden, und kam nebst seinem Sohne **Ismarus** zum **Tegyrius**, dem König der Thrazier, der seine Tochter dem Sohne zur Gemahlin gab.

Nach der Zeit stellet er dem **Tegyrius** hinterlistig nach: allein, die Sache wird entdeckt; er muß zu den Eleusiniern seine Zuflucht nehmen, mit denen er ein Bündniß errichtet. Nach dem Tod des **Ismarus** wird er vom **Tegyrius** zurückberufen; sie legen ihre Streitigkeit bey, und er bekommt das Königreich.

Als hernach zwischen den Atheniensern und Eleusiniern ein Krieg entstand, und die Eleusinier ihn um Hülfe baten; so kam er mit einer grossen Armee von Thraziern. **Erechtheus**, der gern wissen wollte, ob die Athenienser siegen würden, fragte das Orakel um Rath. **Apollo** antwortete, der Krieg würde zu seinem Vortheile ausschlagen, wenn er eine von seinen Töchtern opfern wollte.

Als

Als er nun die jüngste schlachtete, so brachten sich die übrigen selbst um. Denn sie hatten sich, wie einige sagen, verschworen, sich einander selbst zu tödten. Bey der nach diesem Opfer erfolgten Schlacht erlegte **Erechtheus** den **Eumolpus.**

Nachdem **Neptun** seine Absicht erreicht und den **Erechtheus** nebst seiner Familie ausgerottet hatte; so kam **Cekrops,** der älteste von den Söhnen des Erechtheus, zur Regierung. Er vermählte sich mit der **Metiadusa,** der Tochter des **Eupalamus,** und zeugte mit ihr einen Sohn, **Pandion.** Dieser regierte zugleich mit dem **Cekrops.** Er wurde aber von den Söhnen des **Metion** bey einem Aufruhr vertrieben.

Er kam hierauf nach Megara zum **Pylas,** und erhielt seine Tochter **Pelia,** die ihm hernach zur Beherrschung des Staats verhalf. Denn nachdem **Pylas** den **Bias** seines Vaters Bruder, umgebracht hatte; so übergab er dem **Pandion** das Königreich. Er selbst gieng mit einer Colonie nach dem Peloponnes, und erbauete die Stadt **Pylus.**

Pandion bekam bey seinem Aufenthalt in Megara folgende Söhne: **Aegeus, Pallas, Nisus,** und **Lykus.** Einige aber sagen, **Aegeus** wäre ein Sohn des **Scyrus** gewesen, und vom **Pandion** an Kindesstatt angenommen worden.

Nach dem Tode des **Pandion** bekriegten seine Söhne die Athenienser, verjagten die Kinder des **Metion,** und theilten das Reich in vier Theile, jedoch so, daß **Aegeus** die Oberherrschaft führte. Seine erste Gemahlin hieß **Meta;** sie war eine Tochter des **Oples.** Die zweyte hieß **Chalkiope,** und war eine Tochter des **Rhexenor.**

Weil

Weil er aber keine Kinder bekam, so gieng er, aus Furcht für seinen Brüdern, zur Pythia, und erkundigte sich, ob er Kinder zeugen würde. Apollo gab zur Antwort:

Beherrscher der Völker, bändige deine Begier, de, bis du in die Attische Burg kommst *).

Dies Orakel war ihm unverständlich, und er gieng wieder nach Athen. Als er aber durch Trözene reisete, so wurde er vom Pittheus, dem Sohne des Pelops, als ein Gastfreund aufgenommen. Dieser verstand das Orakel, und gab ihm, nachdem er ihn trunken gemacht, seine Tochter Aethra mit zu Bette. In eben dieser Nacht schlief Neptun bey ihr. Aegeus aber befahl der Aethra, das Kind, das sie gebähren würde, zu erziehen, wenn es ein Knabe wäre, und seinen Vater zu verschweigen. Er hinterließ zugleich unter einem Steine seinen Degen und seine Schuhe, mit den Worten, daß, wenn sein Sohn den Stein wegwälzen und das darunter liegende nehmen könnte, so sollte sie ihn damit zu ihm schicken. Er selbst kam nach Athen, und verordnete bey dem Panathenäischen Feste Wettspiele, bey denen Androgeus, der Sohn des Minos, die andern alle überwand. Jupiter schickte ihn hernach gegen den Marathonischen Stier, von dem er umgebracht wurde. Andere hingegen sagen, er wäre von den Athleten hinterlistiger Weise getödtet worden, als er nach Athen zu dem Wettspiele des Lajus gereißt wäre. Bey der Nachricht seines Todes habe Minos, als er zu Paros den Grazien opfern wollte, seinen Kranz vom Kopfe geworfen, und die Pfeiffen schweigen lassen; das Opfer habe er aber

L 4 doch

*) Dieses Orakel ist im Griechischen versteckter, aber auch so versteckt, daß man es im Deutschen nicht ohne Beleidigung der Ehrbarkeit nachsagen kann.

doch vollendet.   Daher wird auch noch heut zu Tage den
Grazien zu Paros ohne Pfeiffen und Kränze geopfert.

Nicht lange hernach wurde er zur See sehr mächtig,
und bekriegte Athen mit einer Flotte, nahm Megara ein,
wo Nisus, der Sohn des Pandion, König war, und
tödtete den Megareus, den Sohn des Hippomenes,
der von Onchestum dem Nisus zu Hülfe gekommen war.
Selbst Nisus kam durch Verrätherey seiner Tochter um.
Denn Scylla (so hieß seine Tochter) verliebte sich in den
Minos, und schnitt ihrem Vater sein purpurnes Haupthaar ab, wovon er starb.   Sobald aber Minos die Stadt
erobert hatte; so ließ er dem Mägdchen die Füsse binden,
und sie von dem Hintertheil eines Schiffs ins Meer werfen.
Als sich aber der Krieg in die länge zog, und er Athen
nicht einnehmen konnte; so bat er den Jupiter, ihn an
den Atheniensern zu rächen.

Es entstand hierauf in der Stadt Pest und Hunger,
welches erstlich die Athenienser bewegte, die Töchter des
Hyacinthus, Antheis, Aegleis, Enthenis, und Ly-
täa, einem Orakelspruche zu Folge, bey dem Grabe des
Geräftus, eines Cyklopen, zu opfern.   Der Vater dieser Mägdchen, Hyacinthus, war vorher von Lacedämon
nach Athen gezogen.

Weil aber die Athenienser keinen Vortheil bey dieser
Sache fanden; so fragten sie wegen der Befreyung von
diesem Uebel das Orakel um Rath.   Apollo antwortete
ihnen, sie sollten dem Minos die Strafe erlegen, die er
ihnen selbst zuerkennen würde.   Sie schickten deswegen
zum Minos und baten ihn um Auferlegung einer Strafe.
Minos befahl ihnen, vierzehen Personen, nämlich sieben
Knaben und eben so viel Mägdchen unbewaffnet dem
Minotaurus zur Fütterung zu schicken,

Mino-

Minotaurus war in dem Labyrinthe eingesperret,
wo man ohnmöglich herauskommen konnte, wenn man
einmahl darinn war. Denn durch mannigfaltige Krümmungen war der Ausgang ungewiß gemacht und verschlos-
sen. Dädalus, der Sohn des Eupalamus, der ein
Sohn des Metion und der Alcippe war, hatte es verfertiget. Dies war auch der beste Baumeister und der
erste Erfinder der Bildsäulen.

Dädalus war aus Athen geflohen, weil er den Talus,
den Sohn seiner Schwester Perdix, der sein Schüler war,
von der Burg herabgestürzt hatte. Denn er befürchtete, er
möchte ihn durch Hülfe seines guten Genies übertreffen,
welches er daraus schloß, weil Talus mit dem Kinn einer Schlange ein dünnes Bret gesägt hatte. Nach
der Entdeckung des Mords wurde er vor den Areopagus gefordert und verurtheilet; worauf er zum Minos
seine Zuflucht nahm. Hier verfertigte er die hölzerne
Kuh, in welche er die Pasiphae verschloß, als sie sich in
einen Stier des Neptuns verliebt hatte. Er bauete
hernach auch das Labyrinth, wohin die Athenienser jährlich sieben Knaben und eben so viele Mägdchen dem
Minotaurus zu fressen schicken mußten *).

Cap. 16.

Nachdem Theseus, der Sohn des Aegeus und der
Aethra, erwachsen war; so hob er den Stein
weg, und nahm die Schuhe und den Degen zu sich.

§ 5   Dann

---

*) Diese unnütze Wiederhohlung scheinet nicht vom Apollodor
herzurühren, oder, man müßte es der unschicklichen Art
zu erzählen, in die er freylich bisweilen verfällt, zuschrei-
ben. Es mag auch wohl das Folgende vom Ikarus rc.
verlohren gegangen seyn. Man sehe den Gale.

Dann gieng er zu Fuß nach Athen, und reinigte die
Strasse von den Räubern, die sie bisher unsicher gemacht
hatten.

Zuerst tödtete er bey Epidaurus den **Periphetes**,
einen Sohn des **Vulkans** und der **Antiflia**, der wegen
der Keule, die er führte, **Korynetes** genennt wurde.
Weil er schwach auf den Füssen war; so führte er
eine eiserne Keule, womit er die Reisenden umbrachte.
Diese nahm ihn **Theseus** ab, und führte sie hernach
selbst.

Der zweyte, den er umbrachte, war **Sinis**, ein
Sohn des **Polypemon** und der **Silea** von Korinth.
Er hatte den Beynamen **Pityokamptes** (der die Fich=
ten krümmet), Denn er hielt sich bey der Korinthischen
Landenge auf, und zwang die Reisenden gebeugte Fichten
zu halten, Wenn sie nun zu schwach darzu waren; so
wurden sie von den Bäumen mit in die Höhe geschnellt,
und kamen ohne Rettung um. Auf eben diese Weise
wurde **Sinis** vom Theseus umgebracht.

Das Uebrige ist verlohren gegangen.

Register

Register.

Register.

Charon f.
Acheron.

Register.

Register.

Register.

Register.

Register.

M 3   Phy.

Rhes

Register.

Thes

Druckfehler.

S. 32. Z. 1. l. eines Sohns. S. 35. Z. 15. l. zeugte. S. 48. Z. 1. und 2. l. Argos. S. 53. Z. 24. l. Gewr.

www.ingramcontent.com/pod-product-compliance
Lightning Source LLC
Chambersburg PA
CBHW030833270326
41928CB00007B/1029